* Н * В * П *

НОВАЯ ПОЭЗИЯ

ГАЛИНА

Ермошина

*

ДВОЕТОЧИЕ

Новое
Литературное
Обозрение

МОСКВА 2024

УДК 821.161.1.09
ББК 83.3(2Рос=Рус)6
Е74

Ермошина, Г.

Е74 Двоеточие / Галина Ермошина; предисл. И. Кукулина. — М.: Новое литературное обозрение, 2024. — 176 с. (Серия «Новая поэзия»)

ISBN 978-5-4448-2568-6

Тексты Галины Ермошиной — «письма миру», развивающие традиции Эмили Дикинсон и Елены Гуро, Розмари Уолдроп и Владимира Казакова. Не самовыражение, но бережное вглядывание, выстраивание диалога с людьми и предметами в их индивидуальности и сложности. Одновременность касания и удаления, радости и безнадежности, иронии и ответственности. Подвижный мир превращений, децентрирующего взгляда и неиерархической логики, где есть и эклиптика, и кофейная шелуха, и набор греческих букв, и европейский пейзаж. Попытки уловить несловесное словами, воссоздать внутренние события при помощи ассоциаций, приходящих извне. Галина Ермошина — поэтесса, прозаик, эссеист. Автор книг стихов «Окна дождя» (1990), «Оклик» (1993), «Круги речи» (2005), книг стихотворений в прозе «Время город» (1994), «Оклик небывшего времени» (2007), «Песчаные часы» (2013). Переводит современную американскую поэзию (Р. Уолдроп, К. Кулидж, Л. Хеджинян, П. Джицци, Мей-Мей Берссенбрюгге, К. Фолькман, М. Мерфи и др.). Рецензии и статьи о современной литературе публиковались в журналах «Знамя», «Дружба народов», «Октябрь», «Новое литературное обозрение», «Цирк „Олимп“», «Русский журнал». Стихи переведены на английский, французский, итальянский, польский, китайский языки. Живет в Самаре, работает в библиотеке.

УДК 821.161.1.09
ББК 83.3(2Рос=Рус)6

В углах тишины

1

Различные авторы и даже разные стихотворения у одного и того же автора в современной поэзии могут существовать словно бы на разных этажах исторического времени. Значительная часть поэтов, говорящих и думающих по-русски, пишет сегодня, или непосредственно откликаясь на трагические общественные и политические события, инициированные правящими кругами России, или в горизонте этих событий. Эти события требуют от людей — и поэтов, и их читателей/читательниц — нового самоопределения, нового понимания того, что такое «я» и с какими «мы» это «я» может солидаризироваться.

Возможны, однако, и другие стратегии, и они далеко не всегда являются эскапистскими. Поэт может, например, вступить в диалог, или, точнее, полилог о мироздании, о том, как человек может открыть свое «я» миру и, наоборот, увидеть мир как открытый в своей сущности доверяющему взгляду и доверяющему касанию — полилогу, который идет в европейской поэзии уже на протяжении нескольких веков.

Именно эту вторую стратегию реализует самарский поэт Галина Ермошина. Она родилась в 1962 году в поселке Ивантеевка Саратовской области, закончила Куйбышевский (Самарский) институт культуры, печатается с середины 1980-х годов. Свою зрелую поэтику выработала в середине 1990-х (насколько я могу судить, начиная с книги 1994 года «Время город») и с тех пор последовательно и без резких изменений продолжает одну, разворачивающуюся во времени работу, — от сборника к сборнику.

Предшествующий сборник Ермошиной вышел в 2013 году[1]. Новый, при всей внешней «вневременности» ее поэтики, публикуется как нельзя более вовремя — для того, чтобы напомнить о том, что возможна и такая поэзия на русском языке. Возможна — и даже, пожалуй, необходима.

Прежде всего, следует сказать о своеобразии ермошинского письма. Большинство произведений в этой книге — тексты, формально относимые к прозе, потому что записаны не «в столбик», а «в строчку». Эти произведения можно назвать стихопрозой или поэтическими фрагментами. Собственно, такой тип письма появляется уже в книге «Время город», жанр которой обозначен в энциклопедических справках о Ермошиной как «проза».

В русской литературе до недавнего времени такой тип письма был мало привычен. Известен он в основном по произведениям авторов, которые стремились использовать прозу для решения задач лирического высказывания, обычно ассоциирующегося с поэзией, — Иван Тургенев («Стихотворения в прозе»), Алексей Ремизов, Василий Розанов… Жанр ермошинской стихопрозы больше напоминает произведения не этих авторов, а французских поэтов. Один из ведущих французских критиков, когда я попросил его назвать наиболее интересных литераторов младшего поколения, написал на листе бумаги три колонки имен: в одном были прозаики, в другом — поэты, в третьем — те, кто пишут стихопрозу. Во французской литературе эта традиция началась еще в XIX веке с Алоизиюса Бертрана и Шарля Бодлера, получила развитие в XX веке (Сен-Жон Перс), продолжается и сегодня (Доминик Фуркад) — впрочем, в новейшее время на развитие этого типа письма оказывает большое влияние диалог

[1] *Ермошина Г.* Песчаные часы. М.: Книжное обозрение (АРГО-РИСК), 2013.

французских и американских авторов[1]. Взаимодействие с американской поэзией важно и для Ермошиной. Она переводила таких авторов, как Розмари Уолдроп, Лин Хеджинян, Петер Джицци — все они обращались в своем творчестве к стихопрозе[2].

В истории русской стихопрозы наиболее явная предшественница Ермошиной — футуристическая поэтесса и художница Елена Гуро (1877–1913). Если же брать более короткий временной промежуток, близкий к современности, Ермошина (наряду с другим самарским автором — Александром Улановым) стала предшественницей нового движения стихопрозы, расцветшего в 2010-е годы, — его участницами стали Галина Рымбу, Евгения Суслова, Анна Родионова.

У всех этих авторов, начиная с Гуро, стихопроза используется для изображения и анализа мира, в котором не действуют привычные иерархии. У Ермошиной эта стратегия становится осознанной и последовательно проговоренной. В эссе-манифесте «На периферии зрения и слова: частный взгляд на современную словесность» Ермошина говорит об экзистенциальных основаниях своего письма: «Недоверие к правильным геометрическим построениям, совершенным и законченным формам и устоявшимся правилам»[3]. Вот поэтому и стихопроза: никаких

---

1 Об этом диалоге см., например: *Lang A.* La conversation transatlantique. Les échanges franco-américains en poésie depuis 1968. Paris: Les presses du réel, 2020.

2 Публикации переводов Ермошиной см., например: *Уолдроп Р.* снова найти точное место / Пер. с англ. Г. Ермошиной, под ред. А. Уланова. Екатеринбург: Полифем, 2020; *Джицци П.* Небесное погребение / Пер. с англ. Г. Ермошиной, А. Уланова, К. Азёрного, под ред. К. Азёрного. Екатеринбург: Полифем, 2021; *Хеджинян Л.* Слепки движения: избранное из разных книг / Сост. В. Фещенко, пер. с англ. А. Драгомощенко, Г. Ермошиной, А. Уланова и др. М. Полифем, 2023.

3 *Ермошина Г.* На периферии зрения и слова (частный взгляд на современную словесность) // TextOnly. 2000. № 3-4 (http://www.vavilon.ru/textonly/issue4/ermoshina.htm).

устойчивых структур, даже разделения стиха на строки. За этим стоит одновременно утопический проект по преодолению иерархического мышления и опыт такого анти-иерархического видения.

2

Эта «анти-иерархичность» в случае Ермошиной представляет мир, находящийся в состоянии интенсивного изменения. Все вещи, явления и стихии в нем словно бы непрерывно вступают в эмоционально интенсивные отношения — любви, дружбы, расставания, понимающего диалога. И ничто не остается постоянным. «Сжимая каменные ребра кораблей, вода жалеет сушу и отдает все лодки песку и тростнику».

Меняющиеся пейзажи в стихах Ермошиной напоминают о двух типах пространств: о средней полосе России (впрочем, есть в ней и стихотворение-травелог о городе Уральск в Западном Казахстане), но еще — о древней Греции и в целом о Средиземноморье. Рискну даже сказать, что Ермошина неочевидным образом продолжает традицию европейской поэзии, для которой память об античности — о Греции и о Риме — стала основанием для утопии нового видения, в котором мир предстает человеку как открытый и наполненный смыслом.

> *Он тебе — пить, ты ему — дверь, и не рассказывай, как перешагнуть порог — слишком мягкие дни пробираются по венам этого дома, его кирпичного ожидания. Водяная арка с волос выветривает в желтую ладонь латинские и греческие на ощупь, только через плечо проступит за тобой тот, кто пришел по твоим следам проводить плывущих и оставляющих.*

Одним из первых такую утопию нового видения, основанного на памяти об античности, своего рода мистику пейзажа, помнящего об античности, создал в своих стихотворениях и прозе Фридрих Гёльдерлин. Таким образом произведения Гёльдерлина были интерпретированы, например, в монографии немецкого философа Романо Гвардини (1885–1968).

> Нам никогда не удастся увидеть все Целое. То, что являет нам себя — это всплывающие из каких-то глубин черты, доходящие из какой-то дальней дали жесты, позы, пробивающиеся откуда-то от недоступного первоначала события — но это постоянно происходит таким образом, что в отдельном все же оказывается представленным Целое[1].

> Остров живет. Река живет. Тот, кто способен воспринять это, оказывается лицом к лицу с действительностью[2].

Так Гвардини описывает образ мира, который создается в поздних стихотворениях Гёльдерлина.

Сходным, хотя и не совсем совпадающим образом французский поэт и критик Ив Бонфуа описывает мир, который создается в стихотворении греческого поэта Георгоса Сефериса «Царь Эгины» (1940):

> …в наиболее прямых, наиболее простых отношениях между людьми, нам могут открыться — схожие с этой широкой рекой, которую там и тут пересекают песчаные отмели и на берегах которой не смолкает напев скромной флейты, — подлинная сила, подлинная ясность зрения, подлинные причины искать в жизни какой-то смысл и какую-то ценность[3].

Пейзаж, открывающий сам себя, опознается как родственный греческому или средиземноморскому. У Ермошиной он вовлечен в бесконечные превращения и никогда не воспринимается как центр мира. В ее манифесте сказано:

---

[1] *Гвардини Р.* Гёльдерлин. Картина мира и боговдохновленность / Пер. с нем. А.В. Перцева, стихи в переводе С.П. Пургина. СПб.: Наука, 2015. С. 369.

[2] Там же. С. 376.

[3] *Бонфуа И.* Безвестный царь // Бонфуа И. Век, когда слово хотели убить: Избранные эссе / Пер. с фр. М. Гринберга. М.: Новое литературное обозрение, 2016. С. 33–34.

> *Путь всегда важнее итога, и отклонения с дороги в сплошную траву или канаву, трясину, асфальтовую или бетонную дорожку из возможности становится необходимостью и условием существования зрения. <…> Вселенная расширяется, скорость увеличивается, центробежная сила предлагает окраинное существование, взгляд на мир стороннего наблюдателя избегает пустоты как способа заполнения и уходит извилистыми путями в свой лабиринт все дальше от центра*[1].

Сегодня такой децентрализующий и де-иерархизирующий взгляд ассоциируется с феминистским и постколониальным письмом. Но у Ермошиной нет никаких открытых деклараций. Кроме того, уже у Сефериса действие стихотворения происходит на заброшенном острове, а эссе Ива Бонфуа об этом стихотворении называется «Безвестный царь». По-видимому, современная децентрализующая оптика имеет свои истоки не только в политических движениях (феминистских и антиколониальных), но и в поэтической традиции, которая отказывалась от того, чтобы поместить предмет своего видения в центр мира.

Дважды в этой книге упоминается Алеф — один раз с прописной буквы, другой раз со строчной. По-видимому, имеется в виду особое тайное место, описанное в рассказе Хорхе Луиса Борхеса «Алеф» (1949) — точка на одной из нижних ступенек лестницы в подвале ничем не примечательного дома. Глядя в эту точку, можно увидеть все мироздание.

> В грандиозный этот миг я увидел миллионы явлений — радующих глаз и ужасающих, — ни одно из них не удивило меня так, как тот факт, что все они происходили в одном месте, не накладываясь одно на другое и не будучи прозрачными. <…> Каждый предмет (например, стеклянное зеркало) был бесконечным множеством предметов, потому что я его ясно

---

[1] *Ермошина Г.* На периферии зрения и слова: частный взгляд на современную словесность.

> видел со всех точек вселенной. Я видел густонаселенное море, видел рассвет и закат, видел толпы жителей Америки, видел серебристую паутину внутри черной пирамиды, видел разрушенный лабиринт (это был Лондон), видел бесконечное число глаз рядом с собою, которые вглядывались в меня, как в зеркало…[1]

Алеф, который находится в подвале, — это тоже утопия зрения одновременно децентрализованного и показывающего все сразу. У Ермошиной, если позволительно здесь использовать метафору Гвардини, отдельные жесты и оживающие абстракции указывают на присутствующее вокруг Целое, или ойкумену — огромное пространство, населенное людьми, вещами, стихиями, текстами. «Лестницы рыжей земли, белые корни прячут свои руки, крадут написанное, чтобы глубже врасти в дышащую открытость. Там, внизу, часы остановились и стекают по ржавой решетке. Просто зайди туда, где ничего не происходит». Стекающие часы — это, конечно, намек на любимый образ Сальвадора Дали, но он здесь дан в полушуточной модальности. Самое важное здесь — весть о том, что там, где, казалось бы, ничего не происходит — на самом деле разворачивается встреча неизвестных существ.

Стихотворения Галины Ермошиной — это сообщения о том, как можно увидеть ойкумену и мировую осмысленность, наблюдая мир как пространство встреч.

3

Иначе говоря, стихотворения Ермошиной сообщают нам здесь и сейчас, что русская поэзия — это по-прежнему поэзия европейская, и что поэт, живущий в России,

---

[1] *Борхес Х.Л.* Алеф / Пер. с исп. Е. Лысенко // Борхес Х.Л. Собр. соч.: В 4 т. / Сост., предисл. и примеч. Б. Дубина. 2-е изд. СПб.: Амфора, 2011. Т. 2. С. 319–320.

может участвовать в решении тех же этических и эстетических задач, которые решали авторы в Германии, Греции, Франции. Не самая очевидная и даже неожиданная мысль, если принимать во внимание место и время. Галина Ермошина не ставит себе целью ее доказывать — она путешествует. Но дневник ее путешествия помогает увидеть пространство, в котором невозможно поставить границы.

Илья Кукулин

* * *

Из трещины в каждом камне до промежутка из слов, так все твое деревянное — форточка, крыльцо, скамейка, ящик и фигурки богов, завернутые и ветвящиеся — ловить пыль ты умеешь до бесконечности. Мимо трамваев, потому что железные, а песок и так принесут, утро не помешает. Слушать, как он говорит по нитке воды, превращая все тени, растущие вдоль. Держит и не дольше дальше. Только потом узнаешь — да и этого много лишнего, если оставаться без коры в зиму. А глазам болеть от темноты, заворачиваясь в тепло ступенек и переплетов. К ним, бессонным, отворачиваться и связывать.

Когда греки жили в своей латыни, не запрещали говорить воде. И в самой середине пути до самого левого края просто подожди, не стирая отпечатков птичьих и рыбьих лап до всего потерянного горизонта. Там оно — под самыми книжными полками, побудь возле, если не есть ли, да и не будет, увернется, доберешься ли в одинаковое одиноким?

Тогда эта точка показывает путь над всей пустотой, цепляется за ее углы. Ночью тени мягче, а день каменеет сам, если оборачивается. Гладкими прудами, в которые ныряют железные пузырьки на серебряных цепочках, ниже всех красный, над ним синий, а светло-зелеными ты набиваешь карманы. Самое донное приключение застрянет под кожей острой щепкой, колкой костью — чужой ли руке не знать твоей боли.

Уговори сон, говори с ним сама, чтобы ему не заснуть — со снами такое бывает, и с ними тоже. Если ниже половиц, то какой еще тебе надо дороги — из белого пера да из-за угла. Тебе — одинаковые шарики татарника, колючие резные, вырезанные из ветра и соли. Подберет и напомнит длинным касанием безразличного и упругого.

Так рыбы, спящие во льду, торопятся изо всех плавников успеть до тепла забрать всю печаль зимней воды. Большего им не выбрать, как и не выбраться больше из реки, разве что разлиться на тысячи мелких молчаний.

Различая только разные виды отсутствий, смотреть воздухом, видеть темнотой. Слышать твердостью и разностью. Закрытая внутри двери белая невозможность, приходится ближе и мягче, как будто запомнит и отпустит. Забывая длиться там, где никогда не бывает другого. Кто тебе теперь дальнее дальнего? Откуда будет сниться снег с того самого дня, когда отставание начало отставать все ближе и теснее?

На тесном берегу столпился весь сегодняшний воздух, гладкий и твердый, с жестяным цветом и чернильным запахом. Между первым и осторожным всегда окажется слишком похожий на все несуществующие половинки медных поездов. Распутывая печаль, накапаешь в чашку разбитого со смородиной и потемками. Тут же прибегут жаловаться береговые и дощатые, не подсказать, простудиться и выкинуть. Уголками и угольками кидается темный и ровным слоем раскладывает по пунктирам проводов.

До утра по белым осколкам уходить тому, кто не успеет.

Обведенная так, что совсем о ней не жалеешь, чтобы падать и разбивать коленки о железо или стекло, и тянется до берегов, до ее меда вместо глагола, где тяжелые бочки, и дни продолжают длиться. Уходить на дно и вытягивать оттуда золотую леску, а дом замерзает в шуме ласточек и больших кувшинов. Между теплом и запасом дыма только лоб в ладонях, и от побега отделяет воздух горчичный, в котором рыбы успевают на сушу выйти и научиться плести сети.

* * *

Он работает Орфеем, выводя пьяных эвридик на свет божий из лабиринтов и подземелий. Она плетет для него нить, и сама еще не знает — привязать его к себе или дать в руки и отпустить к минотавру. Она распускает связанное, распарывает ночные рубашки на паруса, выбрасывает веретено и строит лодку. Он живет в миле от ее острова, его дети — одноглазые великаны, что ловят северные ветры. Каждую ночь он лепит слепыми пальцами ее лицо, утро стирает его память, и он начинает новый лист, раскладывая на песке овечью шкуру, привезенную из последнего плавания. В пути у нее отрастают плавники, и она приплывает к нему в рыбьей чешуе, в молчании, нарисованная на дне его серебряной чашки.

* * *

В этом месте его построили, потом забыли, потом умерли и те, кто построил, и тот, кто забыл. Но умолчание не прошло ему даром, так медленно он выращивал в лабиринте шестиугольные комнаты. Ничего не переделать, Фивы опять устоят, вычеркнутые из повторений и списков. А тот, кто отнял речь у Минотавра, не опередит сам себя, определяя жесткость воды, прочность дождя, размывающего эти стены. Но не спрашивай у хозяина Алефа, что за мир лежит в ящике его стола — этот город и этот день — случайность и моментальность точки посреди предложения. Зрячие пальцы у края стены отпускают в темноту вощеную бумагу с мертвыми письменами.

* * *

Едва ли греки знали, что их запрут на первом этаже Эрмитажа, позволяя только по ночам ходить в цокольный этаж к египтянам, чтобы выпить вина, которое хитрые египтяне выторговывают в подвалах у вавилонян, а те выменивают его на свежую кровь у шумеров Московско-Петроградской линии, чьи поезда увозят Данте туда, где тот, кого не называют по имени, сидит в центре земли и лепит из глины очередного бога.

* * *

Смотри в темноту этим выжженным взглядом, повторяя путь незрячего корабля. Обломки ветра в твоем голосе, и черепаховый гребень сползает с головы. Свиваешь змеиные тропы, девять клубков, чтобы хватило ему на рубашку. Перебираешь ядрицу и кириллицу, отдельно складывая то, что уже не прочесть без лабиринта, заросшего травой и термитами. Слепые ладони плывут в пустоте, завершая негромкий опыт скользящей памяти.

* * *

Рыба, собранная из воздуха, косточек, якорей и молний. Молчащая, потому что вода во рту становится льдом. Вращая палочки грома, твой небесный поводырь по деревянным деревьям к бабочкам с мраморной кожей.

Так они шли — по пыли, по тени башни, водой и солью. Голосами переворачивая страницы, держась за листик ивы, в бледную воду колодцев, в глазастые полыньи. Так они шли в одной воде, по щиколотки во времени. Лед теперь прочнее, чем лист, врастает, проверяя ветер пальцами.

* * *

Горькая радуга царапает осторожные тени рыб, плывущие к этому острову, прочерченному мелом на ржавом побережье. Расписание рук, график произнесенной проповеди внутри горящего воздуха, заставляет птицу вспомнить кольцо стрелы, травы, воскресного чаепития в углах тишины, приготовленной к осеннему аукциону. Пальцы воды перебирают песчаное белье, обрывают нитки воздушных потоков, потом спеют вишни, и пауки свивают в кольца ночные взгляды насекомых. Капризы каната, держащего на привязи лодку — ей бы сбежать к черным шпилям вулкана. В ожогах его выдоха кованая решетка континентальной церкви, развесившей по фасаду деревьев ночные простыни.

Где моя трава забвенья, — поет равновесие для нее по утрам, пересчитывая пуговицы у горла, ступени круглой площадки, окруженной римским воздухом, крошащимся в пальцах.

Время расплюснуто по поверхности стола, и все равно, где оборвать фразу.

* * *

Огонь сворачивается внутри себя, город уходит вглубь. Растворяя окраины, как круги на воде. Чтобы написать свое имя, тебе его надо сначала придумать — вместе с другими именами. На камнях вырастают иглы, раскрываются в воздух и мгновенно стареют, теряются во времени. Кто теперь его хозяин — после пяти лет отсутствия? Даже строчки электронного письма становятся тоньше и бледнее, и скоро совсем исчезнут, когда закончится время памяти о письмах. Такое расстояние — исчезает, приближается к тебе, как нитка, источенная молью. Тебя съедает время, а пространство нам не помощник — ты в трех автобусных остановках — на другой стороне земли — да хоть вне земли. Исчезая медленно из прикосновений.

* * *

для родившегося на суше
река была только местом,
они плавали вместе,
плавили ледники,
и там, в нулевой точке,
в гло́тке каменной рыбы,
прибитые к берегу, к жести,
река была только местью,
черпая легкими воду,
если он — соль, ты — тоже,
слизывать мел вдоль кожи,
лба, простыни полотенца,
наискосок от тени
собственного моллюска,
крошится и сотрется,
ближе переберется
по коже ключа, а суша —
только предлог для свиста.
между вторым и четвертым,
только по четным
он выходил из дома,
и над ним плыли рыбы и змеи,
и он превращался в клевер —
левее и зеленее
всех остальных растений.
послушай:
для родившегося на суше
города стали мелью,
время — длиннее,

и с нею
от костей, от грудной клетки,
становилось его предком.
он опускает ведро в колодец,
она смеется и возвращает обратно
с пустотой в ладонях,
он травой подползает к дому —
скарабей,
корабельный обломок,
голод песка, захватившего город,
продирающий шип сквозь горло.
солнце стареет,
и от якорей
замерзают пальцы,
распутывающие цепь,
поднимаясь со дна,
вода
обучит его языку
и в горло ему воткнет чужую речь,
лечь
и спать пополам в воздухе и песке,
налегке
между пустотой и лодкой,
тоскующей по реке.

* * *

Он плавает материками,
сушей,
как обычно вечером после шести,
слушает,
что говорят ему окна.
Шерсть умеет расти,
она — умеет прясть ее.
Из горсти,
из зеленого камня, в рукавах, фонариках
принести
сети парадные на каждую рыбу,
на всякое время года,
от горизонта, от свода
сведенных куполом птиц клюющих,
на свет ее,
в глубину этой тверди,
бортами ломая сушу,
плывут корабли из меди
отыскивают глазное дно,
оно —
собирать и слушать.
Картограф полей квадратных
обратно
медленно стягивает края Древнего Рима,
мимо
спокойно покатит камни,
там с ним
деревянные лодки растут,
а тут,
наверное, в шесть
в его воде отразится
веретено и шерсть.

* * *

В голове плавают цветные рыбки. Римский воздух — белый песок. Там, где угловатые муравьи вылизывают известь земли. Писать письмо засыхающим кактусам в пустыне Невада. Просить прощения у соли, стирать меловые надписи. Тебе — кольцо из прессованных пружин, каменных стружек. Нарисованные глаза бога там, где педаль газа переходит в паутину. Угости меня медом-ядом, сиреневая змея. Улицы играют в бабочек, сон срывает тебя — банка с зеленой водой, смуглая оторопь просыпается рядом посреди ночи. Возвращение крест-накрест — не спасет ледяной, медный-латунный-серебряный, выпадет из стальной орбиты китайский шарик земли — пуговица, оторвавшаяся внутрь. На самом-то деле мне все равно, где чьи тапочки, но расстояние диктует — не смей. Весь остаток дня ушел на обязанности, и когда позвонил ты, сил хватило только на то, чтобы ответить «да». В голове уплывают цветные рыбки.

* * *

Тебя нет, ты растворился в подтексте. Каждый, желающий тебя увидеть, должен выковыривать твое существование из листков желтой бумаги, шлепания клавиатуры, тональности утренних звонков и движения песка между страниц книги, которую ты читаешь. Иногда вода заливает все, что обнаружено, и тогда найденное становится воздушной дырой, сквозь которую соль и твердь — Владимирская и Тверская губернии, железный путь мимо дачной станции по меловому отпечатку, черничному оклику — ошибкой и опечаткой пятничного выпуска. За травой после лета — следы на внутренней стороне взгляда и черного хлеба. Против солнца, на полчаса тени, чтобы хватило завернуться в ситец. И карта увезет тебя в обратную сторону текста, где тебя нет.

* * *

Ждать со знаком плюс, со знаком монеты, подобранной возле вокзального автомата. Падать, наполняясь водой. Ржавые рукава берегов тянутся за тобой до самого дома. Убегая в и над. Чем она выше, тем старше платья у ее коленок. Сгибая улицы бумажных самолетов, учить слова монгольских языков. Она идет справа — правильная, как учебник грамматики. Полосатые дома притягивают дымом этажей, туманом стен, пятясь и покачиваясь — уходить в землю проще, чем вить гнезда на проводах.

* * *

Пересекая вот и так, расставляя знаки препинания осами и муравьями, каменные крошки подбираешь с руки мостов. В твоей тетради — круги и трапеции, колышки и вешки, расставленные вокруг трясины Лукоморья. Традиции солнцестояния отбрасывают далеко твою тень от места, на котором стоишь. А закрытые глаза потом откроешь, когда ослепнешь.

* * *

Нет, не вирус, но интернет говорит твоими словами, в голове набор только греческих букв, плакать хочется от такого безмолвия. Он тугой охотничий лук обменял на траву с того побережья. Нет, не спи, — отвечает и смотрит сквозь огонь на красное платье и пропадает под лед, в тень от лодки. А у нее опять античное молчание, и нет ни голоса, ни предлога, чтобы встать и уйти в другую речь или хотя бы в себя. Продолжает, пытаясь обнаружить любое чужое наречие, разыскивая ее поближе к языку, одними глаголами наполняя рот. Переверни страницу, руку о(т)пусти и шагни туда, где ни половиц, ни мостов, в общую немоту.

* * *

У молчащего для тебя найдется ответ на все. Можешь начинать прибивать гвозди к стене, вешать на них праздничную одежду, промокшие руки и фейерверки. В этой консервной банке твой день остается наедине с миндальными крошками, медными кружками, капюшонами рыжих монахов и кобр. Тебе остается только отклеивать этикетки и менять надписи, начиная с зеленого, выворачивая наизнанку все черные чернила, доставая из укромных мест бечевки и шпагаты, деревянные рейки и полосатые паруса. Этот день до того заброшен, что про него помнит только та, которая больше ничего не помнит. Такая погода, такая простуда, такая теперь молчащая печь, заброшенные сверчок, червячок, сверлильщик матовых оболочек, глазных ребрышек, сухих хлебных корок на паутине дремоты — рассказывай туда, как ты ждешь, шепчи в его продолговатое плоское нутряное, усыпанное стеклами сломанного калейдоскопа. Твое детское, молочное, треугольники пластмассовой мозаики, разорванных круглых петель и дырок, в которые проваливаются все зачем и откуда. С кем ты теперь рад и спор, с кем делишь пирог, что за чай в этих глазах, когда не хватает всего лишь того, чего всегда не хватает.

[голем]

не на краю а вдоль
делит его ладонь
вровень
и длит ступень
переступая пол
через пунктир шеол
букву на лоб земли
встанет — (про)приговорит
глиной в своей горсти
не обойти — простить
кто здесь кому отец
маятник и пловец
алеф сквозь алфавит
навылет в тебе звенит
горизонталью крыш
в сумерки или в шесть
и из того что есть
оглянуться на спишь

* * *

Время появляется вечером, просит горячего чаю и почитать. На ночь не остается, как бы ты не просил. И так уже год по средам через неделю. Изредка звонит, рассказывает новости. Твердит, пока едет в трамвае — не думать о чае, повторяет другие времена, проверяет чистописание. Засыпать, завернувшись с головой. Праздники теперь только те, утренние. Покрывается пылью и ржавчиной между жесткой водой и ровным горизонтом. Корабль, оставшийся на берегу, забытый командой и пассажирами.

Равноденствие

1
от такой ли простуды до берега,
до пальцев ее прозрачных,
зрячих щиколоток.
укусом молчащим
штопает она справа налево
лодкой ржавеющей
цепью — за небо
разматывать якорем
твою душу
спи в декабре, дате, синем кружеве юбки,
запеленавшей
коралловый миф

2
сон шуршит, мышь закрыла глаза
солнце рукой левой остановись
ниже — к воде — скажет тебе нет
скажет потом если услышит речь
лодку в борта толкает седьмой песок
не отвернись, выпей ее, усни,
он отворит
дверь из кривых досок,
уговорит
и расклюет корни и дни
длинных наречий в сомкнутой чешуе,
плавятся соль и сера внутри горы,
лучше уйди или глаза закрой
лед обменяют тебе на мертвые пятаки.

3
он не о той,
что отданная стрела,
и не с тем,
кто возвратился сухим веслом,
в его башмаках
скрипит время песочных часов,
рыба в сетях из трав,
гвоздь в деревянном щите.
спишь на щеке, щетиной упершись в зенит,
кто звенит —
ее веселит —
в плаще, в рукаве?
ключ в кулаке или опять твой щит?

* * *

Две твоих полночи, две полных луны в ведре с водой, кувшины зерна, крышки часов захлопнули время. Прорастая сквозь ставни и створки, руки пытаются удержать, трещина стягивает края по обе стороны расходящихся материков. Ее притягивает отмель, чайные чашки дрожат, забывая вкус губ на своих кромках. Следуя правилу, грифель ломается как раз на середине, заставляя поверхность — в чайную и виноградную. Ни утонуть, ни ответить, ни взглянуть в глубину. Совместная линия вычерчивает бессонницу, болит в глазах из пристального «почему».

* * *

А эта чертит себя на песке воде, не давая пыли оседать, а себе седеть. Мятная как трава-река, не даваясь ни в чьи руки, по мягкому вверх и ближе, чем она ожидает. Только граница еще не знает о себе почти ничего, не прячется, сворачивает в кольцо, упражняясь в бесконечности. И ты за ней зря, разворачивая на зеленый, летний, ореховый. В самом углу темноты появляется день, и она вместе с ним из вишневой косточки, из точки, из того кривого пространства между буквами жи и ши, опережая начало алфавита. Песочная изморозь под ноги. Ночь всегда внутри, утро —точка по которой скользит линия.

* * *

Были бы они летучие — кем их поймать в тех листьях, где орех прячет свою темноту, и камень по краям високосного дня. Держись за дно, пловец, лови маятником время. Чем короче буква, тем ближе ее тень. Тем ближе, чем не достать ни/чем ни/кем. Ничемные-нитемные, ныряя на дно дня, разве что всегда около. Там, где пробел, пунктир, место, где запинается голос вместо молчания тире, когда заканчивается слово. Так учатся разговаривать паузами, неповиновениями голоса, из которого короткие еще короче

* * *

Растет сначала из земли, потом из камня, потом потолок уходит прямо в воздух. Это уже не стены — земля отпустила то, что стало ею. Уже все равно, и деревья распоряжаются пространством, а люди как солнечные зайчики, почти бесплотные и неощутимые. Сквозь воздух по кирпичной крошке, сквозь ветер, который вокруг, сквозь камень, обрывающийся внутри себя. Между приютом бабочек и ящериц. И только деревянные колонны бьют иглами в зенит. Теней здесь тоже нет, и никто не подскажет, когда со следующей ступеньки шагнешь в пустоту. Где все становится кружевом и кружением по окружности — источенные деревянные балки, сквозные арки окон, ведущие в небо и перечеркнутые пустотой.

Сухость и свет, снег добавляет прозрачности, солнце истончает до паутины, говорит шепотом ползущего молчания.

А каменная пыль пишет и стирает длинно и неторопливо, не сопротивляясь земному притяжению.

* * *

сворачиваться бессоннице в воздухе окруженном цветом думая что не с тобой так с запятой справиться разве что чешуей осиновой под коленки ссыпалось из песочных сломанных не хватило времени на три песчинки и восемь капель отбивают полдень своим отсутствием между тобой и четкостью стен под солнцем за повозками без тени

пальцами камни больные трогать по дороге от рима к себе приглашая спокойное средневековое шествие между потемками глаза или руки первыми от крыш отлетают до дальней черепицы там пыль устанет и ляжет.

* * *

Под голову только твердые сорта дерева, все остальные дубы и липы не сопротивляются окраске. Глаза обычно вырезают поперек волокон, перерезая кровеносные сосуды, чтобы смотрели внутрь тени, ночи, тепла. Или тебя заметит огонь, надкусит угол, зальет в тебя полынью желтым клеем, а на рыбьих ступнях выберется из зеркала в прихожей и до калиток проводит в еловой азбуке. Кто дойдет до этой германской грамматики каплями йода? Когда хрустят осколки тени, вставляют цветное стекло, если черный камень весь ушел на зрачок. Соглашайся, и в волосы вплетут водоросли и птичьи гнезда. Так что и льняные пелены не удержат, когда позовут и предложат найти среди тех кувшинов, не поднимая крышек.

* * *

Отставая на йоту и мел, на помедли и поторопись, она пугает только непроизнесенным. Когда просьба о речи — движение угловатое и неловкое, остановленное на пути к горлу памятью языка, подъязычной иголкой, шипением на черных и коричневых, утекая с желтыми и синими. А бумага растянутой шкуркой латыни жалуется на обилие предлогов. Живо только прочитанное с губ, пока не произнесешь. Потом она оставит тебя, она всегда оставляет, не надеясь на память и устный счет, когда буквы возраста перерастут число дней до твоего возвращения. И как ей теперь сосчитать, если ее нет?

* * *

это помощь или помощник,
раздвигающий створки рук,
разводящий мосты,
но — испуг,
что касание встанет вдоль земляной луны,
стирая о стены бока,
пока
чешуя у рыб,
и ты близка,
у квадратного поезда ждать,
сетка москитная, зелень, кровать,
под которой спать
змее, вероятно, проще,
чем заползать под порог,
ну вот, скажешь теперь,
и дверь
с крючка или с петель,
или просто молчанье ключа упрекать
за невозможность и сон вдвоем,
ночь в ночи,
и молчит,
и пишет e-mail наугад,
когда крылья сложила мышь,
ты спишь,
и бабочки в волосах
вьют свои гнезда,
синяя полоса
в глазах
и роса
на лбу,
и руки — створки ракушек,
которые не собрать.

* * *

Чешуйчатое пламя, эта земля привыкла впускать и принимать, молчать в перилах, выкрашенных желтой краской, считать только тех, кто стоит спиной, не держится. И стрелки, и зеленые огоньки, и кошачьи лапы вместо дверных ручек.

Ликующий карандаш отрывает строчку за строчкой от водяного миража, отпечатанного в линиях на ладони. Перестанет тебя звать, оторвется от тела — туда, где выпускают тени из клеток деревянных окон. Растрескавшееся солнце в беззубых дверных причитаниях.

* * *

Письменные палочки, чернила воздуха, смешай два дождя, продолжи звездную графику канцелярских кнопок. Снимать кожу вечернего молока, кто попросит тебя о металлической занозе, спрятанной в оклике крапивы. Ты внутри тридцать третьего кадра, девятнадцатого сна, отсчитывай теперь — от которого, как угадаешь причину?

* * *

прорезается память молочным зубом,
зыбким дымом
печной сажей
и даже
крымским морем, полынью и полыньей,
где полощут белье.
и ждет,
когда память уйдет
хотя бы из глаз
до горизонта править в тетради
и радоваться этих букв запасу,
раскосых
плаваний от февраля к марту,
вращая карту,
ты соберешь
дождь
с губ,
изгиб
гнезд совиных, ночных,
начиная
с правильных голосов,
глиняных чашек
и молока,
пока
разливающего
и молчащего грека
на той
чернофигурной, пустой
с трещиной глаз,
на наст
отпуская критские волны
из черной,
игольной,
глагольных листьев

сбрасывая виноград,
к ограде привязанный.
ты бы проговорила
все это снова
в половине второго,
и за второго,
отсутствующего,
вдоль нижней кромки
песчаного,
куда утягивает облака,
когда рука
на подушке,
или ведет вдоль реки
по направлению острова
до острия, до дна,
входящего глубже сна.

* * *

Вырой ямку в земле, положи в нее истолченный лист травы базилика, крапленой речи, крапивного беспамятства. Ладонью накрой, вторую положи крест-накрест. Всплывающие рыбы помогут в огне, во льду, в дожде и в земле, надышав двоеточие под взглядом лабиринта. Кто ты теперь в этом зонтичном небе под слепнущей стрелой, между страхом и соблазном, курсивом прописанный на золотом песке, становящийся текстом, кто ты ему, кого отыскал в словарях бездорожья? Нет ни щели, ни центра, в котором стоишь, из руки выронил последний камень, спрятавшийся в рукаве. Сон языка в линиях тела, прививка от сказанного, защита от того, что было названо. Память географии вдоль памяти земли. Новолуние на запах базилика. Когда отведешь руки, развяжешь узлы на одежде — вода посмотрит на нас нашими собственными глазами, два дыма по листьям, там, где скорпионы жалят свою тень.

* * *

И где-то рядом наступает на след смолы, оглядывается внутри океана — пусть вода сотрет осторожно и забудет тебя под пленкой поверхности. Эпизод, промежуток, железный подоконник стола, плывет зрачок окна в лунном доме. Главное не крылья, а хвост. Перепончатые лапы и лохматая голова. Картинки, нарисованные желтым карандашом, развешаны посреди маленького сквера. Попробуй, останови разноцветных воздушных змеев, крадущих у ветра его тополиные семена. Меня не считай, не считывай с экрана темноволосые буквы, выкрашены волосы в рыжий цвет, винные шмели выше твоего этажа. Посередине реки остановилось течение вместе с серебряной лодкой, заполненной хвоей и кузнечиками, затопленные луга, просыпаются запад и восток в зеркале самого себя.

* * *

между августом и китаем
проступают
на стекле, на коже
похожие
на древесные вены
или изъеденный лист
вниз
во время
и вовремя
прикосновений,
то, что само уступит,
или наступит.
не получается спать
если ни ждать,
ни разговаривать рядом,
значит, так надо,
по переплету
окна ли,
воздуха,
речи, слова,
снова
догадываться в складках
таблетки мятной,
минутной стрелки
к мелкой
воде на дне тарелки,
глотка кофейного,
моментального снимка
мимо
августа и китая,
запятая
между именем и тобой
в любой
местности, где проходит обычно

водой расплетенной,
вползающей на восток,
росток
сквозь настил деревянный
между тем, что августом,
и между тем, что китаем,
прорастает.

* * *

И каждый из них — пейзаж, прошитый горизонтом. Лицо пыли и лицо четверга. Где ты говоришь с той стороны Исландии? Против неба, на стороне моря каждый из них — призрак. Свернутая кожа приобретенного сезона всегда остается в должниках у маленького смуглого бога деревьев. Он стоит у корней длинной рыбы, его окружают окна старых вещей, замочные скважины смотрят слепо вниз. Как бы узнать их сломанные минуты, пока они еще здесь, пока дрожит время в их поющих пальцах, нащупывая отражения растущей луны? Потом они становятся тоньше темноты, приносят и разбивают стекло (достаточно этого, чтобы стать пчелой, стрекозой, любым воздушным насекомым?). Знают спокойно несколько черно-белых истин, против неба и моря, против корней, оборачиваясь и смеясь — больше, чем просит огонь у огня.

* * *

Принеси на стекла огорчение, сорная трава для того, кто разобьет древесину вежливой просьбы. Написать и отослать — крученая соль расстояния задает правильные вопросы. Не отвечай, нас уже нет. Буквы распадаются, не успев сложить имя. Твоя память просыпается во сне, принеси туда тарелку с мукой, отражаясь в собственных глазах, не повернешься обратно. Анаграмма отменяет античный стиль ее рисунка, сложи подпись и проверь правописание — арка, электрическая дуга — дальше продолжишь сам.

* * *

и смотреть на китай
из глубины глубин
это лучшая из половин
и половина пьеро
которая плачет
когда смешно
лучше ли камню
когда он стрела
или яблоко утром
в половине седьмого
вместо летнего и немого
там есть река
где пока
раскручиваются змеи
когда закончится «наверняка»
а иногда даже сильнее

* * *

Она думает, что слишком от многого становится больно. Где та грань, когда еще можно укрыться за персонажем, не разделяя день до без пятнадцати два, а дом на «с тобой» и «отдельно»? Вычитать смеющееся из радужки глаз, цвет зрачков менять на утренний, согласно звонку, расписанию трамваев, затмению. Вот тебе самое ночное занятие — расходовать бумагу и чернила, писать поверх обложек глянцевой глазури. Не получается — ради встреченного,

ради случайного — почти всегда,
должны же кончиться холода,
и этот снег — попыткой досказать
другую жизнь с половиной ответа и льда,
когда?
да когда-нибудь, — ответит,
и не забудь выключить свет —
небывшего больше нет,
и времени, утонувшего в лени,
сквозь тело тепло стекает
в поленья
по лунному календарю
и говорю
всего половина,
и чтение той половины,
когда, проезжая мимо,
прочесть
кирпичный, крапивный,
готический,
завтра в шесть.

* * *

Ты отмечаешь линию каменной рыбы, проходящей расстояние в милях и гравии. Кто они в этом времени, между вспышкой и паузой, в пятнадцати словах друг от друга? Спать с пустыми руками, наблюдая, как молчащие любовники выбирают дорогу в город, который никто.

Удваивая математику, приближает «да» к зеркалу, потом меньше, чем одно лицо, но еще хватает, чтобы сложить фрагменты любой причины от стены до стены. Как никто медленно идет сквозь город, отражая то, что выглядит проще настенных рисунков, подбирая то, что первое шагнет к нему, не узнавая. Ты не веришь? Вернись обратно и пройди весь путь снова, оборачиваясь на голос пыли и твердый мел, оставляя зарубки на поворотах. Кленовые крошки разрезанных страниц воздуха — было бы что читать утопающему в твоем сне.

* * *

И ты говоришь, мышь
еж, и прочих колючих букв
практически мимо рук
отпуская себя вдоль строк
электронных посланий вздох
перешагивает порог
между тем и этим
как тебе
там живется
на глубине
между кожей и словом нет

* * *

Комната не длиннее рифмы, пересекая след воды в твое другое позже. Кожа времени под этими металлическими каплями, деревянным крошевом мостов. Между тобой и твоим произношением половина из тех возможностей, и что ты скажешь, когда они придумают разницу между «здесь» и «еще здесь»? Эти солнечные лодки по бокам рук, эти двойные лучи небесной радиации выравнивают баланс дневной границы, пока растворяется сахар. Слова движутся поперек крови нашего словаря, чернила расходуются на голос страницы и интонации. Ты пересечешь улицу по переплету противостоящего окна, по громким поющим трещинам, и пристальная улыбка изменит твой маршрут.

* * *

Городские фонари отмывают городское небо от копоти. Карманы полны тумана и ракушек, руки тоже заняты зимой и вечером, спицы так и мелькают. Время становится жестче и звенит от каждой случайности и намеренности. Захвати с собой через этот ручей ос и патоку, перенеси туда полынь и камыш, она потом нарисует недостающее, приклеит картонные звезды, будет перепрыгивать с камня на камень. Оно такое теперь — ничего от тебя не требует, даже присутствия, живет в себе самом, вот покатилось дальше, переламываясь в поперечнике, захватило с собой все нарисованное и приклеенное, и принесенное, и забытое, и небывшее.

* * *

Греки назвали бы его свободой, а потом стали бы учить итальянский, а потом отменили бы все на свете, но пришел минотавр и съел их с листьями. И стал заглядывать одиссею в карты и смотреться в зеркало вместе с алисой. А греки все думали, что умнее римлян, но на олимпе одни самаритяне, а все эти данте, лимфы и лимбы — с лавром оливки липкие лавки. Лишние буквы выплюнул в Лету и улетел пробовать вишню, произносить икс и омега в координатах ветра и света и за спиною Петра и Савла.

* * *

горизонталь листа
устав
становится вертикалью
чайным взглядом
и рядом
проходит пустотой
из ста
голосов бумажных
важно
себя ссыпая в глубину зрачка
и прорастает
раскачивая расстояние чая
случайного
пока молчание
оберегает
вертикаль уставшего оригами

* * *

Потому что эти сетки на окнах, потому что молчит твоя греция пополам с обертками цветочного мыла и вафельными стаканчиками. Нам тоже туда, в эту темень этажей и перекрытий, различаются только низ и верх, подвал и чердак, между ними — две погашенные ночи, две проштемпелеванные и вскрытые смс-ки. Как тебе там, внутри невидимости и смеха, в клеточках шерстяных одеял и занавесок? Рыжая ржа и шуршащая моль наполовину образуют эту жизнь, складывают воду медленными серьезными складками, гречишными зернами осыпается кирпичная кладка. Все тебе будет — гладкая черепашья кожа, гладить и просыпаться, смотреть в зеркало, как будто там и бог, и порог, и рамблер точка ру.

Говорить

*

Как вода в темноте тяжелеет и жалит прозрачность, принимая жестокость кувшинов за жесткость тверди. Длинный зрачок звезды и сухой ожог ее отражения. А потом темнеет оборотная сторона буквы, и плетеная корзина полна соленого воздуха. А тень сжимает камень со всех сторон, стягивает обручи дождевых бочек, полных пустоты, пока еще древесина помнит о зелени и почках. И не растворить гвозди и скобы по разломам и швам, прорастая встык сквозь кирпич и мел. Источенная ржавая речь колодезного холода ответит заговорщикам на языке чистой глубины, проходя сквозь тяжелый свет навылет.

*

Сжимая каменные ребра кораблей, вода жалеет сушу и отдает все лодки песку и тростнику. А древесное еще не значит деревянное, а только удивление и различие, вкус слова в ряду молока и хлеба.

О чем поведет речь кремний, о чем заговорит железо, откуда бы поздно ни узнать, как цвет изменяет голос травы. Дальше которого дальше уведет вода сушу, если дальше пены берегов древний язык обнаженного дна, расступившегося ила. Или по иглам проще до кромки льда, до ледяных известий?

Все грифельное да мятное, дверь в сенях скрипнет, и дорожка из муки и соли поделит пополам.

*

Крапивные радости собирать — так помогает орешник ольхе заговорить на языке мела. От самого дна слова до молчания граненой геологии. И камень стекает в землю, копит холод и прозрачность виноградников там, где сплошная геометрия вырезает длительность лимонных косточек в заржавленной пустоте породы.

*

И возвращать кирпич камню, известь — мелу, стекло — песку. Истирать в крошки, в пыль, забивающую легкие воздуха, и строить острые горы из остатков кварца, гранита и слюды. Чтобы, сломав коричную палочку, этот сгусток тягучего дровяного времени, наполнить память воском трубчатой медной земли в вишневых крапинах растаявшего граната.

Между парусом и веслом

*

Между веслом и парусом на границе воздуха и воды, уходя в камень по щиколотки, потом по пояс. Самый отдаленный путь по лабиринтам неожиданной логики, когда волны, приходящие из важных вздохов океана, стали мелкой чешуей ряби среди отражений. Остается только оставаться в солнечном холодном воздухе среди прозрачных плит утреннего времени, внутри осыпи горьких мозаик и черепков.

Или выбирать из гранита и мрамора острые и жгучие для неба над головой черного платка.

Среди воды в зеленой тишине слежавшихся складчатых стекол на плоских берегах истончившейся реки. Мертвая вода, не способная к умиранию, забывая без усилия, по привычке.

Выводящие к четким пропорциям геометрических террас с желтыми и спокойными плодами — их освобождает сон, сбрасывая в воду в начале и поднимая из паруса и весла — медленно держит, привязывая к горизонту.

*

То, что остается, ограниченное дорогой и серными рудниками, через которые ведет железное движение вечерней и дневной пустоши. Пересекая ее сквозь землю, ставшую твердой и короткой. Там обрывается, слушая их голодные речи, и умещается в ладонь жесткой горячей пылью.

Первобытные религии спят в этой горькой земле, без имен, под полынью и мятой. Отталкиваясь от берегов, земля уходит на самую далекую середину, выворачивая слои бронзовых и дочеловеческих.

Почти бесследно, разрешая угадывать и проводить пунктиры известняковыми городами и южными травами.

Не брали камень, не ломали стен, отвесные канаты не сплетали бездонных с их эхом и обрывом.

*

Как выбегает на дорогу за античной белизной, за крепким мрамором, за тенью полотняного ветра. Смелют жернова сухого колодца песок и пыльный свет. Каменные хлеба, бронзовые цветники. Только память указателей живет на перекрестках и молчащие жалобы стекают в глубину стен. Цвет остановился, не дойдя до солнечного и голубого, вдоль продуваемых пустых улиц, запирает охру в прохладных переходах среди меловых колонн.

Говорить молчанием, слушать пальцами по периметру пыли. От дерева до древесины пойдут выпрашивать текучего и теплого среди растрескавшегося полуденного ожидания.

*

Теперь им только остывать до черноты, выстраивая на солнце сверкающие туннели. Чем выше уходит камень, тем легче его пористая поверхность впитывается звонким воздухом. Кто потеряется — падает навзничь, прорастая горьким и горячим огнем. Обходя по краю, протискиваясь сквозь ветер и лед в горло осыпающегося кувшина, глотать гибельную середину, растущую из пустоты.

Они напишут

*

Они напишут глубоко окуная руки в камень соль съест из мела спрячет по локоть если спросишь однажды как дерево под ним уснешь или не станешь искать дорогу зная когда она выйдет под воду сложишь лодочкой чтобы снова там всегда папоротник ветки кожу стягивает рубашку близко у камня стучит сердце долго течет его кровь

*

Тебе не потрогать ноги увязнут земля и глина не скажут завтра строит камень себя и воду пьет или дует сама не знает узкие стены держат за стену угол не станет тебе защитой нет темноты и летит сквозь пальцы тень сама себя приблизит сама свивает или отпустит разговори попробуй

*

Или листы сверни в полоски иди и думай стекают складки больные пальцы царапай воздух как будто лучше тебе поможет потом помашет потом поманит разутые камни слепой дороги собой закроешь резного света тяжелый оклик успеешь дымом захочешь домом и перепонки твердеют сразу

*

Им не больно, они — письмо, засунутое в острые трещины позади дождя, стекающего к локтю, к этой косточке дневного света. С твердыми буквами, кусающими дым. Им не будет больше больно, они разбивают другое, крепко держащее свое непонимание, перечисляя имена своих богов — первое железо, второе железо. Спохватываются, оглядываются, что тебе заменить — что угодно или по списку? Станет вереницей все, что случится от перемены порядка слов. Пока не одумались, не закрыли лицо руками — лови. Остается только число одиннадцать, да и то не точно.

*

Она тебе ширина, ты мне длинна. Идти тобой, пока не кончится, пока не подберут ступени лестницами над головой и не покажут черное небо. Где твоя другая сторона рядом с оттаявшей веткой, не захотевшей в ней оказаться? Сегодня вместо двух, вчера окружает вещами много бóльшими, чем просто ненужные. Спрячется у порогов, отражает и жалеет, как потерянная вода, готовая к смерти. Дотронуться до листа и простить.

*

Что еще больше как пустотой терять, такие одинаковые, а какие разные. Так что приходится заботиться об обоих. Даже говоря ему «ты», ожидаешь встретить сопротивление, но не дольше сна длиною в событие. Ты — моя да. Если еще смогут помочь полосатые вещи, то поймать — не составить в ряд, а попросить подождать. Внутри жесткой кожи стоять и думать про хаос.

* * *

А все остальное — как тебе захочется потом, после чернил и простых карандашей, метелок из дубовых листьев и мелков, которыми ты вычерчиваешь свое прямолинейное счастье. Кто говорит внутрь тебя те слова, что молчат, прячутся, мешают, и руки в известке и календарях? Там смотрит на тебя легкое число тринадцатого понедельника или девятой среды — ну как тебе угодить с этими растущими именами и датами? Ты приедешь, когда свет превратится в колючки — все от гордости и радости, из акварельных морей и песочных красок, все длинные хвостатые слова — твои, остальные всего лишь тех, которые обижаются, когда их произносят вслух. А теперь просто так — чтобы вспомнить то, что на летних окнах наговаривает ветер. А она потом спросит, как поживает твоя бумага, не болеет ли вода в синих кувшинах, натянуты ли бельевые веревки для ветра, а паутина копит беккета и костомарова.

* * *

Как ты устаешь в этом сегодня, почему не спишь из своего вчера — забери с собой в лодку воробьиные перья и рыбьи чешуйки. Которые из них теперь лишние, попробуй повтори — не иначе как те, что выпадут из рук. Твоя усталость — стрелолист и болиголов, повторяй все это как есть, как придется — медленно, почти без ошибок; тут, в настоящем времени его уже нет. Здесь придется читать долго и счастливо, почти как сказочную жизнь в конце книжки, не говори, он и сам все знает.

* * *

Здесь всегда другой календарь, и месяцы сменяются раз в году, и трава засыпает вместе с тобой, а просыпается длинным ручьем, хлебными крошками, закопченными салаками и глянцевыми скарабеями. Потом ты скажешь про древний способ собрать и сжечь, раскрасить и разбить, пыль и свет внутри страниц, все подряд — все равно, все выровнено в датском этом королевстве, все сходится с картинкой, с ответом. Ты войдешь в лабиринт, не взяв пряжу, забыв про соль, потому что улитка всегда ползет к центру, а ты со своим веретеном встанешь лицом на запад и потеряешься в черных гниющих водорослях, когда у этого столетия испортятся батарейки.

* * *

А теперь туда, в твой сон, электронные слова запутались в проводах и странах. Стрелки показывают восемьдесят часов утра и двадцать километров побережья. На барометре — только желтое, все остальное — неудачная попытка грамматических ошибок. Твой голос застревает в проводах и в воздушных помехах, ты попадаешь в грозу, в столкновение атмосферных фронтов, побудь там еще немного, пока твое электричество не зашипит и не спрячется под кожу.

* * *

С крестика на крестик выдумывать и складывать, с десяти часов шаги становятся вечернее и непонятно, что еще. А ты выбираешь полосатых ночных змей, чтобы рассказать, что ты все еще здесь. Улица перебегает дорогу, изобретая слова и положения, чтобы бросаться ими с близких крыш, плачущих от солнца. Попробуй придумать что-нибудь похожее на то, что гудит в проводах и снится в метро — они не про расстояние, быть там — и значит быть, так тебе рассказали сплошные вокзальные призраки. Ночь расходуется наполовину глаз.

* * *

Призраки электронной почты, дневная усталость улиц и паранойя городского транспорта, сбегающего на одну из ближних окраин, хлопая фрамугами. Разве здесь тебя ждут внутри писем и конвертов? Там, где льется вода, сжимается стекло — возьми вместо него то, что само приходит к рукам, совместное вместе — совместное врозь, вроде того синего длинного шарфа, что она вяжет каждую осень, пытаясь устать к вечеру, чтобы не сниться тихим словам из детской сказки — избушка лубяная, избушка ледяная, подушка из перьев птицы сирин, саламандра в микроволновке, граффити по известке — белым по белому свету в тоске, снашивая семь пар железных.

* * *

Они не с тобой, не к тебе, а туда, где скучают ловцы черепах, сбегающих от умелости и важности всех существующих ахиллесов. Огонь над огнем, песок в песке, а вместе они — стекло, разноцветные винные бутылки, а еще черное, выброшенное землей из земли. Теперь главное — удержать ее за руку, когда она начнет распугивать окружающий пейзаж пением своих буддистских пран и брахм. Тебе удается, и все, что случится после — вращается на привязи деревенского колокола или ее указательного пальца, на который она накручивает полосатую ленту. Не над водой, а между, снимая туман с переводной картинки. А все остальное почти не нуждается в причинах.

* * *

Так хорошо забывать неузнанное, оставаясь в иероглифах критских лабиринтов, в слепоте наклоненных мостов и чая
в стакане
так настает, нарастает
за ставнями,
что позже растает
в шерстяном и шелковом окончании
все того же чая,
знаешь, что он отключен,
и окончательность означает —
нам не лучше в американских дао
в этой местности и пейзаже
и даже
в этом цвете, в котором каждый
из жажды
точности и чего-то большего,
чем между морем смотрит — и
исправляет
слишком пристальное
на слишком прямое,
камыш ломает
для крыш
и красок коричневых
личных и лишних —
рассматривать на просвет
в ответ
и молча,
тому, который темнее и горче,
чем сухость плит
известковых и пыли,
в разломе которой забыли
азийское ремесло
и несколько слов

* * *

В этом письме полно пространства, и ты начинаешь вписывать туда недостающие, как тебе кажется, слова и смыслы. Деление на ты и я, тебе и мне, все равно не выходит поровну, четное и нечетное заблудилось в ваших головах, скажи ей, что можно уже смотреть неправильно — так, как никто не знает. Девять птиц у тебя, паутина.

Кленовый сироп, вечер чайного цвета и такой же крепкий. Ты уходишь смотреть развалины, руины, древние обломки и вполне свежие надписи на них. Она уходит писать тебе по воде, ее надписи будут древнее, когда ты их обнаружишь, вернувшись.

* * *

У тебя без тебя будет завтра, сними ленточку с волос, встань на лестницу, дотянись вниз, когда голова болит, болотные причитания и шепоты, там дышит дождь, втекая в водостоки и листья. Которые тоже будут тебя слушать. Смотри, не оступись. Просыпайся, говоришь ты. И она просыпается — горстью земли, щепоткой соли, высушенной лягушачьей лапкой, кровью девственницы и травой базиликом — идет на полуночный перекресток — там и прочитает твою СМС. И ответитттттттт.

* * *

За этим домом тебя поджидает пропасть. Туда можно попасть через маленькую калитку в заборе, осторожнее, — говорит она, оступаясь на скользком мху. В Норвегии такое бывает, когда айсберги подходят слишком близко, и просто руки чешутся дотянуться и оставить след, как на замороженном трамвайном стекле. Теперь там живут тяжелые буквы, приученные к расстоянию. Тебе читать, складывать и заворачивать, прикреплять веревочками к запястьям и щиколоткам, чтобы не потерялись при перелете.

* * *

Эта морская и воздушная жизнь звенит под настольным светом, плюется из банки с аквариумными рыбками. Давай, поправляйся скорее, дыши этим золотым шелестом из пасмурной бумажной середины, складывай наизнанку, прошивай касторкой странности. А потом она будет светиться на столе, проползая в день по миллиметру, и когда ты вернешься — только загнутые углы, длинный новый мир из трещин, булавок, кирпичной пыли и непонятно чего еще. Чего еще-то, — пишет он, чего еще-то о тебе выдумать, о десятичасовой утренней, о дождливой субботней, о ветке в бутылке, карандашнице и пустых простывших комнатах. И обменять потом на тысячу полезных вещей.

* * *

место где земля земля   место где нет   вместо того чтобы быть вместе пять секунд идет твое письмо до нее и обратно возвращается другим с переставленными словами и буквами выкрашенными в мёд со строчками выброшенными   ты там почти на своем десятом месте на этом непрочитанном уровне чтобы получилось такое нужное время   складываешь чтобы тратить   пусть останется хоть что-то материальное и плотное для разговора о нем   события сбываются и плачут о вчерашнем и внешнем потом справа и в одну из сторон в которую не слишком тесно

* * *

если не оторвешься от Рима
и если мимо
всех площадей и лестниц
придется,
как водится, или как ведется,
и видится — к воде-посреднице
сквозь среду в одиннадцать,
где она пенится
и берега мешают
от времени отставать,
и вспять — не пятиться,
а стоять
все время
приходится тише,
наверное, мыши
летучие лучше рассказов о птицах
идущих
пешком в пустынной
местности,
эти окрестности
не пугают,
когда вживаешься
и вживляешь
живое в камень,
а после — ставень,
стол, и конечно, веретено,
одно,
отбившееся от рук,
и стук.
твоя наука под именем и песком
вычитывать то, что губы произнесут

* * *

Не все оно здесь так уж и страшно, уж — не страшен, болото — его дом, но не уходи с тропинки, там лежит или лжет усталость, чем больше лежит, тем больше лжет. Там, где сизиф и тесей в метре от троянской войны, не успев разгадать, что ты спросишь потом, как они связаны с этим путником, сгибателем сосен. Для живущего между луной и ветром всегда не хватает одного ответвления лабиринта. И письмо, которое тебе придется прочитать, больше запутает, чем прояснит. Он свой для тех, кто в темноте, когда корабль покидает порт с карантинным предписанием, и пропадает во внутреннем море. Там, в стекле и железе, стекая и жалуясь, попеременно и больно, и свет, прежде чем попасть в глаза, изгибается, обходя воображаемые препятствия. Подумать тебя водой землей — не заменить ли, не заметить?

* * *

И длительность этих линий — тебе бы отойти на два шага, на три ночи, на десять перелетов и одну потерянную перчатку. Но ты здесь, и твои следы остаются внутри тебя самого, продолжая кружить в этих горизонтальных случайностях. И какое ему до тебя дело? И пролитая внутрь твоих фотографий вода. И что из этого остается — только молчать. Подпись перечеркивает воздух, завтра, — обещаешь ты, — завтра начнем считать часы, шаги и фарфоровые китайские чашки, полные тепла и темна.

* * *

так и будет смеяться крапивой
и думать о доме
над печною травой
от того до того ли,
возле той,
возле кромки с названием кроме,
и расскажет кромешную,
лишнюю и неспешную
с нижней полки
потом,
провожая дыханье вокзала,
разгибая все то,
что недавно держала
трава,
на слова
оглянуться на ветер,
кто отметит
во тьме совпаденье —
день, оденься,
а он отвечает не в рифму,
соль и сон
оставляет в остатке обломок.
сломан
столбик дорожный,

направо — налево,
на лето
надышится йодом
и выстроит дом свой
из йоты и елок,
пока обмелеет,
обмолвится,
осмелеет —
пора бы
обратно
вернуться
и обернуться
успеет
туда, где поспела крапива
и рыба,
нырнувшая в воздух,
застыла
внутри.
смотри —
между жестом
и той,
чьи плавники
от реки
отгородились веслом и леской

* * *

А лучше всего за небом, не внутри, а позади него. Теперь ему кажется, что он стоит обиженный, и без имени. А время складывается и разворачивается среди ночных часов, стекол и трамваев, дворников и просто метелок, и в третий раз слово сказано по ошибке. И ничего не повторяй, только верни на место числа и даты, а потом распутаешь каменные прожилки и вернешься, минуя центр, избегая окраин — сколько раз ты увидишь эти горящие надписи, сколько раз подумаешь о реке, тогда и прочитаешь название, отпущенное для тебя — там нет ни имени, ни конца, когда стрелки показывают обычное число — без времени, без года, без дна.

* * *

И придумывать, как он покатится — колобок ли, клубок — научиться отпускать из рук. Горевать — как тебе там, посреди чужих голосов, забитых водостоков, железной воды, деревянного дыма от подушки твоих индий и америк. Теплую дорожку по коже рисовать, следуя за мифом, умещая в горстях совместное — кому из нас перечислить, переписать набело, не оправдываясь незнанием, пропуская страницы — она нашепчет из черновиков.

На языке — шелк, под языком — шов, на минутной стрелке твое направление, держи стрелу, стрелец. Вверх — в полное небо падать, и рукой до него достать. И остается придумывать — как он, или осталось только придумать его.

* * *

Часы отстукивают свой вес, четные отмеряют по секундам, нечетные выбрасывают совсем, чтобы не было соблазна вернуться и исправить, прибавив единицу. А ты сидишь со своими нулями, туннелями, шляпниками и мартовскими зайцами, угадывая число, что приснилось в пятницу. Теперь у тебя становится все больше свободного пространства, и ты помещаешь туда греков и египтян, выталкивая все мифологические подробности черного и белого цвета. Произнеси его вслух — черное вязнет и вяжет, белое скрипит песком. Ты повторяешь их снова, и они рассыпаются — и не лучше, чем то, что ты про них думаешь. И что теперь делать с пейзажем, с его беспечной повседневностью и честностью, когда часы становятся днями, связанные сквозняками, ты сошел на этой странице впервые, но лист первый из библиотеки номер семнадцать оказывается «если однажды зимней ночью путник», и хрустит перемолотым стеклом и всеми неживыми предметами.

* * *

Давай считать его прочитанным. Улицы, привыкшие к тому, чтобы быть пунктиром, которым ты пересекаешь и оставляешь. Потом идет она, собирая след за следом, сматывая вместе с мелом, сажей, листьями и водой, дождиком и паутиной. Скрепляя вишневой смолой твое отсутствие, чтобы оно не попало случайно в ее отсутствие. Она по карте следит за следами — не перепутались ли, стирает лишние, обрезает те, что близко к окраинам — ей туда не дойти. Привязывает красные шерстяные нитки к деревьям, отмечая, где он пишет о Крите, где лепит осьминогов и рыб. Куда говорить, где ей сказать: ацтеки и сарматы; ее слова по другую сторону экрана, плоские бумажные пляски, чернильные пятна, полоски клейкой ленты, которую ты израсходуешь осенью, чтобы заклеить окна.

* * *

Ты плывешь по этой нити, как рыба, обожженная солнцем. Западный свет и восточный свет, мимо ледяных озер, думая о поездах и пешеходах. На границе воды. Стеклянная трава. Каменный ветер посреди дороги вулкан пыли медная колдунья холодное равновесие под водой. Ты уплываешь сквозь эту реку сама, не дожидаясь персональной лодочки античного перевозчика. Закрытые глаза смотрят в темноту другого берега. Что тебе теперь там увидеть?

* * *

Место для глаголов для зачеркнутых для ладоней исчерченных карт путеводных корабликов песочных воздушных. Он спит внутри керосиновой лампы, веревка и кисточка — для дня, вечером — выгоревший фитиль и уставшая пряжа. Вдоль коричных лавок по медному готичному городу, смотрясь в окна радужных стекляшек, кромок воды сквозь половицы, вплавь которых — в котле плавильном, плавать и выбрать, наконец, рыбий язык. В коже под ветром прорастает трава, знающая имя между дорогой и речью.

* * *

Внутрь листа ты смотришь. Твой цвет — пыль с изморозью, овсяная трава и ее пепел, собранный там, где ты никогда не был. Город на востоке, дом из ракушечника и прохладной глины. Город — сеть, в перекрестья которой ты встаешь по утрам, чтобы смотреть с востока на запад, по каравану длинного солнца, вбитого в твои зрачки. Ты листаешь сухость и ожидание, пишешь поперек полдня, вглубь пересохшего камня, куда зовет древнее море по краям вспыхнувшего шелка, прижатого корнями и овечьим сыром. Вечный июль по обочинам подорожника удерживает звенящую раскаленную высоту, ссыпает с ладоней острое колкое время. Ты плывешь внутри горящего листа, повторяя восточную вязь длинного шуршащего имени.

* * *

Просвеченный с этого края,
не выпуская нити из пальцев,
и повторяя ее извивы,
не для скорости — не потерять бы из виду,
что она говорила ночью,
четко и точно,
и ты заучивал с ее губ
на слух,
и на твоем слуху — пух
тополей и подушек
и простыней прорубь
так подробно,
что в омуте том тонуть не глубже,
не ближе чащ лесных
и чаще, чем в год тебе не придется ходить
по этой нити,
нанизывая
всю эту жуть и чудь,
что наизусть
шептала и сматывала в клубок,
и между строк
этих двух писем
лисьим
шагом идешь и ждешь за поворотом,
не узнавая, кто там —
оборотень или дерева тень,
отшатываясь от тени своей,
надень, говорит она,
этот пояс, а меч оставь,
и середина тебя глотает,
пустая,
а минотавра — нет.

* * *

Который ломает пространство веслами, сушит на ветру слезы и волосы, замóк его рук устает от тяжести приливов. Когда начинается ветер, голоса вязнут в нем и в сетях, хватая плавники воздуха. Донник выстилает дно, и день вернется с полными лодками соли, головой упираясь в зенит. Слушать слепое бормотание лодочника, находить дорогу до глазастой пробоины по каплям горячего вара. Заштопывать, зашептывать, уговаривать гончарную и рыбачью — тонкую кожу ее сестер. Плети под барабанным ознобом выговаривают свое острое право. Та, которая смотрит из ночи по углам своих глаз, и светлячки обжигают пальцы. Врастая босыми ногами в камень, последняя тень медной змеей шагнет в лодку. Головой на восток на ледяных подушках по стертым кругам каменного времени.

* * *

Так издалека, что не найдется ни осколка, ни обломка. Не управиться ей с минутной стрелкой, где разговаривать так, чтобы другая вода. Чего не сделаешь, того и нет. Отвернувшись, опираясь на воздух, в котором только он и будет, когда ластиком стираешь из недавнего разговора оговорки, речевая кардиограмма в очередной раз солжет. Она разговаривает никак и никогда, все числа перемещаются и мало времени для оживления снов. По гладкой поверхности с ровным английским, черным слоном, а записная книжка просыпается по ночам от головной боли. В одну строчку перевести Гомера, в другую — все чайные листы и пепельницы до тех пор, пока не получится. Действия глаголов неограниченны.

* * *

Сначала опередить, потом отойти. Ты — лень, льняное и шелковое, по острому с зазубринами памятью консервной банки. Здесь ужи хранят свое золото, беспечное и теплое. Лапы и львы, сон ворот, настороженность углов, улица расцветает шагами. Словом снегом на проводах желтого чайного каплями по подоконнику, а теперь — на твоем языке, мышь. Без времени и места, когда сложены руки и вещи, и уже охраняют между белым и белым, перекатывая под языком мороку жестяной ягоды. Все острия карандашей теперь в твою сторону, только глаза живые и столбики в поле, чтобы не заблудиться в метель.

* * *

Это камни, которые начинают бросать в тебя камни. Дерево не горит, не плывет, врастает в стену, врастает в раму, и вырастает, переставая оставаться и таять. Крошить и плавить края и раковины, выпавшие из всех морей в ржавые банки консервные, а позвонки дверей ломаются в пальцах. Как катится зерно по млечному пути, чтобы потом расти там, где он свистит, где виснет рядом с клавишами и выстиранным бельем в твоем зрачке. И вмешиваются листы разлинованные и листья с точками и червоточинами, выбери себе шрифт и сотри его.

Он уйдет, заранее пересчитав слова, на крыши, и выше, и лишнее свернулось в себе самом.

* * *

Вырезаю из твоих ответов улыбки — так они меньше весят. И ответы сжимаются, усыхают, остается обычный смысл, белый правдивый мел, а тебе другого и не надо. Слепой часовщик разбивает циферблат наугад, нарезая время такой разной длины, что ты начинаешь путаться и искать утешения в английских глаголах. И теперь не поймешь, ты у себя есть? Или у тебя только ты и есть?

* * *

Ну на каком языке рассказать, как лжет язык, как прячется в словари, маскируется в сносках, обернешься, а там — гиперссылка, саламандра, или другая какая подруга ежиков перламутровых. Только где-то внутри копится противоречие, запинаясь и спотыкаясь о черноту улицы, полную всех возможных сторон, углов и перекрестков, пройди чуть подальше и оглянись — ты не сомневаешься и даешь советы то на все случаи, то ли на всякий случай, мимо не пройдешь, она разбудит, когда станет совсем страшно.

Указания к применению

Не собьется, не переживай. Кругом указатели и путеводители. А то еще и проводник найдется, который все знает и все видел. Хватит даже времени и время посмотреть. Тебе какое больше хочется? Можно то, что полвторого было, а можно даже и вообще — семь двадцать пять, если не боишься. Только не смотри на секундную стрелку, для первого раза достаточно. Если все же пойдешь дальше, то отключи фонари, три звезды в орионе и большая медведица, потом трамваем не дольше трех остановок. Но можно и с закрытыми глазами. Где ты, кстати, ее видела? Корабли и самолеты — только предлог не идти пешком, сядь на пенек, съешь пирожок… Высоко сижу, далеко гляжу… А вот в эту, третью комнату не заглядывай никогда в жизни… Что значит — Синяя Борода? Нет, я тут так просто, указатель дорожный, путеводитель какой-никакой, попутчик, молодчик, чик-чирик, молодчина я, все-таки.

* * *

нет не получится — как ни своди края
как ни сквозит сквозь свет
как ни сводит [в] сон
тот упадет в песок который в глазах
выдаст тебе где небо отклеили от земли
и как снег у него отнимают —
что купишь ей на обол?
наизнанку как ни закрывай рукой
как ни затягивай волосом водоем
между зверем и тем кто зрением говорит
столбик глагольный кольчатый кровоток
нет ему дела и нет за ней никого
шел по слову и словом себя сшивал
если потом ничье подступает швом
или ничком размывая шрифт расстилает дно

* * *

Кто тебе сказал, что ты должен. Разве у нас идет разговор о долге? Долго ли ты продержишься только из чувства долга? Не надо мне таких долгов ни долго, ни коротко.

Продли свой день, не успевая сказать ничего из того, что само предлагает себя на оконном огне. Защитная полоса вдоль рукава — безупречная служба обычного почтового конверта, иероглиф креста вместо подписи — как узнаешь о том, что прошло время имени?

Воскресный город трогателен, беззащитен и солнечен. Разговор будет, как из букваря — долго гулять по желтым улицам, отражаясь в лужах, нюхать воздух и отряхивать лапы, как кошка. Пока прозрачные деревья ничего не заслоняют, пока земля ищет обещанные тобой углы, четыре часа пропавшего даром времени, мокрые ноги, и плавится, плавится тихо мороженое, пока осторожно не высвободишь руку. Попробуй тут отними.

* * *

Человек, который всегда между. Лучший географ пятой пригородной зоны, ветрогон, живущий на полной велосипедной скорости. Между молекулами воздуха, которым мы дышим. Присутствие отсутствия. Прячется или ускользает? Один среди других. Он не дает в руки ничего — ни клубка, ни ключа, ни лабиринта, но ничего и не прячет — приходи и живи. Если сможешь выдержать рядом. «У нас-то ничего подобного нет — ни времени, ни сада, ни дома». Единственный или одинокий? Недоступный для зрения, но присутствующий во взгляде. Переходя на прямую речь, он говорит: «Жить почти негде. Это «почти», вероятно, заключено во времени. Во Времени можно жить, но не в Пространстве. Вот здесь сейчас можно жить. Забыть о том, что завтра все может быть по-другому. Забыть об обстоятельствах места, учитывать только обстоятельства времени». Он живет во времени, или время живет в нем. Практически в нигде. Между Россией, Канадой, дном Марианской впадины и часом, когда сумерки переходят в ночь. Между нашей памятью и своей речью. На пристанционном пруду, возле речки, которая называлась. Во времени «сейчас», в произнесении, или в переворачивании страниц письма из ниоткуда. Которое написано только тебе, и его привозит Насылающий ветер, следуя указаниям флюгера. Может быть, только так и можно найти автора, не пытаясь, впрочем, выследить или разыскать — просто жить с ним в одном голосе, одном промежутке — время, ветер, флюгер. И время его — от ветра. Выдохни — и начни с тех сущностей, которые невозможно выучить: «но я, выбравший свободу, одну из ее форм, я волен поступать как хочу и являться кем угодно вместе и порознь».

* * *

какие феи тебя украли? Пространство круга никуда не выбросит. Камешек в ботинке, пыль в глазах — азийское серебро смывать под душем. Какая из них тебя уколола? По каплям, падающим с руки, узнает твой путь вишневая булавка. Ветер от одуванчиков засыпает — тебя? с тобой? Влажная подушка рассыпанного песка, другая речь делится? длится? разделяет? собирает оброненное?

только и могу — назвать, произнести, откупиться. Что еще ответить, если показали и не дали, тянись теперь, вставай на цыпочки, ищи замочные скважины, подглядывай в зеркала. Это не разница, это различение, примерное поведение в награду за обещание не торопиться. В утешение остающимся.

медленнее, чем стекает стекло, собирает языком морозную пыль, смелая точность — украденная соль, внутри — чернильный орех, твое равновесие не уступает, вполне надежная опора мелкому шрифту неторопливых и пристальных, вращает вокруг, не ухватиться за быстрый перекресток, игра или танец для двоих — такое приблизительное прикосновение — вдоль — (сможешь продолжить?)

испуганный снег, земляной ком, убежать от жаб, ос, глаз, вниз — к мягкому и спокойному. Медленно, осторожно, острые, как слова, как желания — чего ж ты хотела-то? Рассказывай потом, убеждай себя, что не приснилось. Твердое, как буква «э», плотное и дикое. Убегай, согрелось.

длиннее, и как можно ближе. А можно ли? Твой вопрос, заданный еще вчера, сегодня вечером заставит обернуться к окну. Подойди, я не отодвинусь, между нами — только воздух и два дыхания. Губы знают способ сказать это короче.

где бы вывесить красные сарафаны, глиняные звезды, морозы на стеклах. Кто встретит на перекрестке желтый светофор, с двух сторон улицы смотреть друг на друга, ты перейдешь ко мне, когда они тебе разрешат, я подожду в своей тишине.

* * *

Долго и подробно — два-три слова и обрыв, потом продолжение с другого уровня, и снова — обрыв, и медленное восстановление в глубине или поверх слов. Хочется подставить руку или попробовать на язык. Первое — ледяное, жгущее холодом, не тающее, даже если долго держать в руках, прозрачное. Замедленные движения, как во сне. Возможно повторять несколько раз, можно включиться в совместную игру — прятки между шипящих и колющих. Иголки все ближе, и, чтобы не коснулись, приходиться вставать на цыпочки и так ожидать острия, которое осмелится первым.

Второе — всегда второе, ни убедить, ни принять, ни обещать. Возможное только как нельзя. Перед тем, как отвернуться. Принимаю.

Третье — домашнее, спящее, не опасное. Главное — не разбудить, и тоже — шепотом — разливать вино, чтобы не звякнуть горлышком бутылки о фужер, развернуть шоколад и не зашуршать фольгой, зажечь свечку и испугаться шипения спички. Потом — с закрытыми глазами внутрь темноты. Убегать? Нет, попытка различить. Дай руку — пересчитать ресницы. Сон на двоих, когда бог обернулся.

Четвертое — книга. Семь страниц, прочитанные заранее; может, убедить себя, что дальше — продолжение? Взять фонарик и пойти искать? Крошечное убежище не впускает, попытка проникнуть без правил обречена на неуспех. Перечитать? Нет, оставить до появления сложенным в четыре раза. Там же, по адресу.

* * *

Теплые рыбы ловят ртами сонные крючки. Дыхание — его первый дом, и линия, нарисованная поперек, выведет в следующий день. Тихая дистанция солнечного равновесия следует твоим губам. Бабочка знает любое значение пыли. Приходящее во сне не желает оставаться там.

То, что притворяется чужим — белая известь, обморок летейской пряжи, под ударами серебра гнется то, что становится бортами горькой лодки. Ей не хватает линий на ладони, и она впечатывает в них случайное — развилки дорог, веток, графику московского метро и утреннюю осеннюю паутину. Выпадает из центра, вкручивая в спираль ракушки неизбежность молчания, где песок, смех улетевшей пчелы, отлив, падение в равновесие между светом и берегом.

Голоса цвета, бывшего белого пространства медленной слюды, крошки времени для потерянных детей там, где песок переходит в асфальт неба между откликом и вчерашним днем.

* * *

В это время года она повторяет прописи его губ, не пытаясь исправлять опечатки предыдущих редакций. Все прописные заменены на строчные, которые он не замечает. Язык вычерчивает их внутри рта, не успевая произносить те, что не стали необходимыми. Ее сопротивление не дольше края страницы, которую он разрезает пополам, потом еще раз, упираясь пальцами в воздух. Она говорит, что это правильный вариант, местность изучена и забыта, топография соглашается на неизбежную коррекцию. Кухонный чайна-таун, рисовые колобки и коричные палочки, зрачки не хотят вспоминать о том, что прочнее льда и полюса.

Он остается в перечислениях, в черных строчках, перевернутом зеркале. Когда она уходит, поворачиваясь спиной, сворачивая египетский свиток и трамвайный билет, ее рот полон чтения, о котором она не скажет дома.

* * *

Так они тают — самые острые, чуть касаются края, не забывая звякать железным, когда выключатель отходит от стены, потом возвращается, чтобы уколоть и сломаться — ледяная и прозрачная в чашке с отломанной ручкой. Потом уже белая бумага перестает менять цвет, обижается на невнимание синего и понемногу перебирается ближе к печкам, окнам, вот вам ваше бессознательное, холод снимает листья до прожилок, всплеск через края — и замирает, испугавшись самого себя. А тот вырезает середину из фотографий. Оставляет гвозди, щепки, мусор и потеки краски на белой двери, которую она всегда забывает запирать. Внутри льда растут кристаллы и замерзают утренние сны, плавятся осы в квадратных окнах. Держи этот раскрашенный кубик, только на солнце сквозь него в радуге мыльного пузыря. Следы устают под фонарем и садятся отдохнуть прямо в снег, тень вчерашнего чая коричневым ободком не впускает воды больше, чем ее хватает для одного. Там она читает пустую белую стену, переворачивая справа налево, потом отходит к углу, накалываясь на острое и перешагивая твердое, не успевая тратить. Ближе к середине вода темнеет и растет по черным клеткам страницы, и поджимает ноги, и тянется за пальцами, чем ближе, тем длиннее раскачиваются отражения, связанные нитяные голоса.

Земля падает, не удержав над горизонтом поля. Острое продолжает расти даже днем, выбирая из тех, кто оглядывается, проходя мимо. Ты смотришь на солнце сквозь упирающиеся листья, сквозь увеличительное стекло — глаз расскажет темноте запрокинутую голову, как идти по рельсам в обе стороны расходящихся, ориентируясь на звон разноцветного снега. Успевая разжать кулаки и выронить все, что оказалось. Тебе ли, акробату и жонглеру, жалеть железных птиц, роняющих перья в железную воду. Пьешь, подходя на цыпочках к тем, разлинованным и тонким, спрятанным в небесной географии. По песку белым платком за каменными хлебами, красными листьями, сберегая стеклышко для следующей птицы.

* * *

Итак, номер восемнадцать сквозь желтые отверстия, можно идти по длинному железу, завернувшись в песок столько времени, сколько хватит сил, не бывает если вместе рядом с ночью. Разбрасывая кубики вместо хлебных крошек. Высчитывая круги в водоворотах. И гири на весах. Тебе кажется, что между желтым и вчерашним не хватает воздуха всего на один вдох, и ты его пропускаешь, научившись без него. И когда заканчивается, остается только дерево над водой. Стекло в стекле и через него все остальное. Как входящая в воду, не оглядываясь, и сворачивает берег в узкую трубочку, дудочку, деревянное заклинание для остающихся. Между ладоней — дровяное электричество, дуга мыльных пузырей. Пытаешься поймать себя на свет фонарей. И никак не улетает то, что ты держишь за ниточку. Ленточки, тесемки, куда приведут тебя электрические провода и рыбачьи сети?

* * *

Когда его станет неожиданно много, придется думать, кому бы отдать. Телефонный звонок появляется без платья, и надо бы отдохнуть, но при таких морозах самое раннее утро начинается всегда позднее, чем его ожидаешь. Но — я о тебе? — спрашивает она, и долго расшифровываешь ее молчание, состоящее из запятых. Теперь тебе — разницу по времени считать несуществующей, диалог как маятник знает только две стороны света, в которых вам не бывать. Отрывай отрывные календари, забывая числа, а дни недели накапливают усталость, чтобы потом сказать, ну, куда же от них денешься.

Так исчезает лед, прячась в заглавных буквах, осторожнее только мышь в сумерках и тени, бредущие за чьей-то спиной. Снег выстраивается вдоль всех дней, и не различает, а размывает и просится внутрь каждого, кто проходит, защищаясь от собственного — холода ли, испуга, играет в исчезающую Алису. Вот так у нас проходит время от завтрака до обеда.

* * *

Ко мне идет не письмо. Ко мне идут маленькие черные камушки, или темно-бордовые. Черные хорошо надевать на палец, а красные — носить в волосах. Еще мне идут короткие юбки, но сейчас холодно, поэтому ближе к ночи на бедра надевается ожерелье из огоньков маленьких свечек — для красоты и тепла. Дальше можно продвигаться только с помощью, поэтому приходится молча и терпеливо, иначе может погаснуть. Пока никого не устраивает долгий поиск, все хотят сразу и навсегда. Возможно, когда колкий, острый и холодный — сто иголок со всех сторон. Попробуй, растопи такой лед, когда рук не хватает не только удержать, но и раскрыть. Согласие или опасение выстраивает предлоги, ни один не соответствует русской грамматике. Приходится чертить иероглифы, переходя на японский — пальцами обводя контур — губ? зрения? усталости?

* * *

расплетая совиные гнезда, складывая ветер по знакам зодиака, кто она — треск разрываемой ткани, цинк, разговор наощупь, нулевая точка, болотная иголка свяжет географию вен в мятное скрещение между. Узкий пролив, весь дом — изгиб разворачивающейся раковины, time и time, в промежутке двустворчатой чепухи, корзинка для сбора хмеля — горький, полынный, мгновенный черный цвет. И почему китайские девушки не носят кос?

* * *

Непрочитанных — ноль, неотвеченных — полна корзина ржавого белья, сомнение, так ли, как это захочется потом, упадет на землю. Кем тебе приходится рыжее совершенство на зимнем ночном воздухе? Кто поправит, исправит, выправит — пусть отойдет один — не поможет, испугается. Июнь, июль — так теперь считаешь ночные огни посреди гладкой каменной мостовой. Откуда и взять тебе светлячков вечерних, если даже зверинец увезли в неизвестность. Там, на краю чужого города только пыль в сандалиях, коленка, подставленная под ручей, посреди золотого песка искать черный камень твоих вопросов. Там, куда советуют, тот, кто теперь советует: вечером, расправив руки в кольцо, пальцы в круг — что ты будешь слышать в ответ? Гудение парового отопления, любопытство хвостатой звезды, прилетевшей на желтом синтетическом змее?

Осенью — желтая куртка, летом — зеленые волосы, осенью — пусть она станет рыжей, зима запомнит все твои рукописи, потом перешлет через китайскую границу падающий теплый сверток шелковичного кокона. Попробуй дождаться, когда он вылетит, ни спи в эту ночь, и вторую, и третью, — будешь дышать. В руках держать только одну, которая станет бабочкой, не улетая, не прячась, отвыкая от воздуха и света, — туда, где память нарисованных деревьев.

* * *

Не успевая за этой солью — не добыть ее убывание черен[п]ки звона вмятины пальцев тянут воздух грубых горошин по спине книжной арки.

Тут бы и вылеч[п]ить глину от рук стряхнуть вровень белым точкам и квадратным часам. Как дышать без передышки, завинчивая толстое стекло с обеих сторон марлевой медали а ржавый жар вп[л]ивается в деревянную вертикаль.

К падающему прислонись стеклом и падением помоги. Теперь как в воде будешь держать что там еще кроме того, что есть.

* * *

Бережным ключом, смятым квадратом железа в крови звенит в голове, насыпая землю в картонные коробки. По ободу ржавчины и пути сползания к утру, которым отражать бы, тянуть да падать, вовремя отбирать у муравьиной сыпи двоеточие света, сжатое до сквозняка — и в рай велосипедный.

* * *

Вместе с железными втекаешь горизонталью, не боясь войти в тень по воскресному жаркую, спасаешь круглые белые стекла солью, песком, смехом. Потом сквозь крышу проходит дождь и туман, воздух вытекает из камней как кровь, оставляет белые кружевные раны, им не больно, их пока нет. Когда открывает глаза вода, находятся все пропавшие корабли, чьи борта рыбы сшивают, вдоль становится поперек, и раковина растет внутрь. Бездомными плавниками стоять у камня, стать камнем, сквозь который течешь.

* * *

Бездоннее, чем падение Рима, угол дома поддержит, пока не упадет сам. Он тебе — пить, ты ему — дверь, и не рассказывай, как перешагнуть порог — слишком мягкие дни пробираются по венам этого дома, его кирпичного ожидания. Водяная арка с волос выветривает в желтую ладонь латинские и греческие на ощупь, только через плечо проступит за тобой тот, кто пришел по твоим следам проводить плывущих и оставляющих.

* * *

Что тебе чай, то ей кофе, в своих бродячих ботинках, скалами и посвистом, отпуская волосы на ветер, отвечая втекающим городом по щиколотки щекотки. Тот, у которого нет никаких ключей, по глинистой и каменистой — все равно идти или бежать впереди своей тени, мурашками по стеклу, выкладываешь родинками на ее спине льдинки ила, и карст царапает, когда пытаешься глубже, чем позволяет земля.

* * *

Зимней скоростью вогнутого стекла в даль ускользания сколько просыплешь сна за отворот горизонтального дна посередине ожидание по пути с мят(н)ой фотографии корой вчера западом падения в ломкой жестяной слюде подоконника смытой кунжутными мурашками крыш в точном кружении пружины.

* * *

Что вокруг отвечает, чем дальше помнит вода, тем ближе по коже к чешуе шершавого шороха стягивает, разглаживает оставляя узлы пустоты в брошенной раковине. Спать тебе, или упасть к тебе оберткой света, равниной разговора. Полюс железа известий бумагой сквозь гладкую симметрию непохожего. Сосчитать ветки у веток, углы воздуха дыхания, возвращенного для воды, закрытой для ночной темно-ореховой и утренней легкой длины.

* * *

Для запястий — лед, чуть больше шороха в воде для ступней, пальцам — стекающего белого. Сжимать медленный шум, обгоняя скорость крыш и хлопающих дверей у подножки сквозняка, за ленью форточки. Совсем немного другого времени — стеклянные крошки тени, соленая улыбка древней воды раскалывает дышащие вертикали.

* * *

Тот, кто еще жив сквозь бумажные рельсы пригласит тебя ржавым воздухом чайной царапиной. Потом проще с другой стороны теплом лба напротив стекла воды пустых вешалок деревянных гвоздей. Ты еще не то, что забывают на столе, когда выключают свет. Еще ловить не значит поймать, пока мимо рук рыбы и руки. Воронка в мягкой темноте, в том месте, где никогда не бывает. А потом станет иголкой и не для холода, а для себя. Длить и спать в самом остром углу локтя, опираясь на повторение, записанное на долгой бумаге совиными буквами, различая только у и о, все остальное на ощупь. И время случается иногда. А иногда и лучше бы не делить, а приходить и идти дальше загорать под ночными фонарями.

* * *

Начиная с единицы, понемногу отступая в тень бамбукового острова, песчаное озеро после спины оранжевого трамвая. На цвет твоей кожи прилетала желтая бабочка, антрацит и фольга, шоколадное дерево, растворенное в непрозрачной воде. Слова твоего имени, бог твоих ресниц, зыбкое удивление, призрак раскаявшегося ветра не принадлежит никому из нас. «В моей пещере горного короля» — радость твоего мобильника. Чайный ворс разлитых чернил. Ты будешь ждать меня здесь? На этом самом месте? Сто тысяч лет подряд? Ты перелистываешь четвертую главу в поисках летнего времени, прикус молнии — так учится лиса: чуточку соли, три грамма меда, несколько футов корабельных минут. Парусиновое время, полдень, когда все жители города в отъезде. Легкий миф просвечивает сквозь рубашку, бег к концу ноября, караульная паутина соединяет восток и запад.

* * *

Гирями, горем на цепочке, оплетая маятник сетью, где мертвые рыбы учатся говорить, чтобы рассказать ей, где его парус, где корма и весла. Раздвигая воду, собирать водоросли вместо венков, игла и заплатки ждут на берегу, и тень сохнет на ветру, подпертая колышком песочных часов. Первая башня уже построена, на месте второй и третьей написаны их имена — огонь и дым. Каждый день она приходит туда — месть домашнего мира, за ночь успевает намести тонкой пыли. Ну, как же иначе, говорит, берется за метелку, добавляет черноты для глаз и белил для щек. Единица равна единице, — бормочет, считывая его послание в берестяной коробке, голубиной почте, раскрывая входящие, отправляя в прочитанные, сметая своей метелкой все сомнительные в спам. Что бы еще разглядеть за буквами, опередить то, что могло случиться — край моря, край берега, окраина оберега? Она рисует свои руны на рукаве твоем рыбьей кровью, мышиной тенью, черепаховым шагом, частым гребнем.

* * *

И убираешь его подальше с глаз — в корзину, что ли, или в «Прочитанные», чтобы углы не загибать и страницы не путать, когда часы опрокинутся в утро.

Ты не любишь публичные телефоны, и не разговариваешь с ней подолгу, по часу, составленному из графиков опаздывающих южных поездов, бамбуковых рощ и индейских стрел, свет и нож утреннего озера.

Сминает бумагу ветра, морщит зеркало, разрезает воздух острыми короткими ударами. Весла, которые ты воткнул в песок, воображают себя антеннами и ловят чужие разговоры. Так кружит пластинка морской бури, свивая гнездо из водорослей и виноградников. Мост тянет противоположный берег, цепляясь за шпили и песок, вытряхнутый из твоих сандалий.

Отплывает, отталкивает, обратно вернешься по каплям, по хлебным крошкам, склеванным бумажными птицами; по гальке, расчерченной длинными маршрутами, прижимающими кораблики к земле, к побережью, к той осоке, что вырастает за день до полнолуния. Расстояние, измеренное городом, водокачкой, рекой, речной жалобой, лестницами.

Опоздавшему дадут в руки его тень, прочную шелуху тела — оглядываться и выбирать, выбираться из слов в молчание до последней железнодорожной станции, стеклянного отражения, в твоем голосе пыль, ветер и стекло.

* * *

Легкая бездомность, легкие до́ма, печная труба и лестница, разговаривающая по-гречески. Треск и шуршание, темные ночные мысли, знаки и сущности. Осколки земли, на которой жить и петь, топить печь и прясть шерсть, шить льняные рубашки и развешивать на ветру. Без тепла и тела, вровень с молчащим и слушающим. Не поймать, не ухватить, не привязать простотой и понятностью — яблоки, чертополох, молоко. Твоего умения хватит только на то, чтобы заблудиться и исчезнуть из вида — вряд ли ты вспомнишь эти слова, записанные на полях и в коротких постскриптумах ее письма. Тот, другой, тоже пытается исчезнуть в отражении, выталкивая из него упругую светлую воду, остающуюся холодными осколками на полу. Собирая и перечеркивая, играешь в ледяного мальчика, от[с]таивая недостающие буквы.

В молчаниях сор сомнения, соломинки от веника — слово прячет и обманывает, пока подбирает себе союзников, прости его крест-накрест с полными руками — тазы и кувшины под дождь и под свет. Ты разговариваешь с призраками; лодки, привязанные к побережью, сбежали во время отлива, а плохой хозяин, ушедший на поиски, не вернулся. Мягкая бездомность, молчащий дом прощает все, что тебе могло бы присниться.

* * *

Слово, дрожащее на краю воздуха, вмещает тысячу словарей и рек. Твоя география проведет тебя на запад и на восток, мимо льдов и островов. Запах копченой салаки, сахарных молчащих амфитеатров заставит одиссея задержаться в западном ветре в поисках кружной дороги этих улыбающихся снегов.

Достаточно сказать, чтобы увидеть, когда послание врастает в кожу земли. Ты забываешь свое имя в шуме трафика. Тот путь, которым ты хотел бы пройти, прежде чем синтаксис потеряет направление. Эту историю рассказывают, стоя в дверях — для двух рук, в опадающую траву, поворачиваясь в сторону с полными глазами света. За ним остается холод и несколько побережий. То, что происходит из ничего, так остров срастается песком с настоящим. Он объяснит это проще, чем «почему» с тобой. И тебе приходится вычерчивать параллельные исчезновения, чтобы попробовать вернуться. Потом он останется или окажется рядом, рассеивая молчание глины.

А потом гравитация изобретет металл и камень, привязывающие тебя к земле. На ближней станции метро, в коротком пространстве перспективы запомнишь только двести миль дороги, соединяющей все языки.

* * *

Здесь начинались растения, и с той стороны пространства лучше теперь спрашивать о пыли и пути до ее падения — в глубину окна, створками в ночную, гудящую, расшитую цветными мелками. Здесь, на полуострове, на этом «здесь», где жесткая трава и рыхлая осыпь, она собирает полынь, а ты собираешься спать. Белые запахи, ручейки, перепончатые крылья. Только обрадуется, погладит тебя по голове, лучше бы шелк, шепчет потом, благополучно возвращаясь на свое место в пейзаже. Дверь, от которой потерян ключ, остановит вас на дороге к дому, в нем только зеркало темнеет от смены времен года. Она склеивает обрывки бумажных стекол; чужие слова, подслушанные во время шторма, не складываются для пересказа и падают молчать на дно глиняной чашки.

Так исчезать из речи в бездомность. Пустое ежевичное варенье, прописи громких голосов — она никогда не попросит его у бога. Бумага сжимается до удивления, перебирает все имена вещей, уходя в древний язык молчания.

Он скорее один, чем вдвоем. Пить молоко, лепить бумажных птенцов, о[т]казываться, если позовут. Это на слух, а потом окажется, что бумага уже промокла, а углы заняты бормотанием и недоверием. Руку пугает определенность формы слишком округлого или слишком правильного, и ты продолжаешь.

Это — когда потом, всегда — потом, если не вспомнишь и не вернешься к чему угодно. Слушай разговоры между пробелами, забрасывай сети, Эдвард, в это сухое море, с этого дырявого корабля, ради этой раскрошенной памяти, внутрь этой пристальной тревоги. Точность и упругость того, что пожелает повернуться спиной и выдохнуть по ту сторону несговорчивого стекла.

* * *

На этом месте теперь оказывается причина. Она повторяет, перечисляет все то, что забыла выпустить из рук как перила — правильные, надежные. Не отвлекай ее от этого занятия. В пересчете на включенные фонари, газовые конфорки, оставляя свои тени в углах всех гостиничных поцелуев, ты не торопишь, когда она читает почту, подчеркивая промежутки, избегая заглавных букв. Так думает река, когда на ее берегу поселяется и не уходит. Ровно половину вечера приходится ждать того темного автобуса, что пыль, что плыть — и все, ровно наполовину. Она придумывает другие фразы и верит тем, которые находятся слишком быстро, как перевернутый плот. На нем остаются медленные повторы, щепки, плавники — больше она не знает. Двери, колокольчики, щепотки соли, слова, потерявшие буквы — ее там не было двадцать лет. Каменистая и пустая, что он найдет, вернувшись на свой остров? Отрывая тело от воды, завернувшись в воздух ветра, слушая, как дышит земля в глубине — выроненное веретено прядет черную пряжу остановившегося печного сожаления. Твои паруса впечатывают соль в другие ладони. Там, где она роняет, молчит, прячется в памяти, складывает неспешащую хронологию. Лодки, теряющие весла и обдирающие борта, перевозят ее тень, расходуя солнце. Земля вспоминает ее шаги, наполняя руки, мы с тобой там уже по колени, раздвигая песок и траву. Стережет небывшее и не скажет, если просыплется из о[т]пущенных ладоней. Твои корабли попадают в следующее течение, огибая остров в длинном сожалении ее невысыхающих рукавов.

отпечаток

Как в любом незнакомом городе, приходится доверять только взгляду и слуху. Так отпечаток сохраняется в зрачке, расплывающемся ближе к ночи и заполняющем собой потом — что? или оставит его без ответа. Только ты можешь сохранить его внутри и увезти с собой. Твоя опора — те обходные дороги, которые и привели именно сюда. Доверчивые кошки, откликающиеся на каждое русское слово. Средневековая канализация: по бокам тротуаров глубокие арыки, через них переброшены железобетонные вечные настилы и кокетливые ажурные мостики, видимо, собственность коммерческих магазинов. Так восток сохраняет себя в территории. Когда торговые точки закрываются, то прячутся и мостики, частная собственность. Перепрыгивать через арыки дозволяется бесплатно. Их влажное дно сохраняет все скользящие взгляды, чтобы потом унести в одну из прячущихся речек, которую уже не перешагнуть. Топкие берега позади деревянных домов, дорога приводит и останавливается в замешательстве. Отыскивая брод, наткнуться на старый паром, левый берег не знает, что станет делать правый, когда проснется утром. Город-остров внутри окруживших его рек, кто его притянет за ниточку берега, заросшего осокой и тиной? Близкое желтоватое дно, неглубокое и тихое.

И как тут умудрился утонуть Чапаев? Урал течет на задворках главного проспекта, на его берега вечером выходят гулять местные бабки и их дворняжки, которые громко лают при неосторожном приближении к невидимой границе, отделяющей огороды от пешеходной зоны. Отель Pushkin, с памятником ему же — маленьким, коричневым, с какими-то лопухами за спиной. Вечно занятые жители — на каждом столбе нужно нарисовать восточный узор, белое поверх красного и наоборот. Видимые со всех концов города три зубчатые панели высотой с девятиэтажный дом. Под ними — вечный огонь и одноэтажный Уральск.

Один из тех городов, про которые никогда нельзя с уверенностью сказать, что они существуют. Только что был, закрылся рукой от света — а дальше начинается совсем другой сюжет. Искать следы твоего присутствия двадцатилетней давности. Но окна равнодушны и безлики, и отражают воздух.

Город молчит, собирая только сегодняшний день, наращивая солнечную чешую. Городу лень прятаться, и он включает фонари, опережая реальность ночи. И уезжая, знать, что больше никогда сюда не вернешься.

* * *

Когда все твое стекло выплескивается из чайной чашки вместе с тенью реки держишь в руках себя и зеленую занавеску. Плыть по кирпичным островам черным чертам и резам в крапинку выпивать с веток в осень дождевые почки снега. По звонкам позвонками и ребрами колокольчиками велосипедных и стальных спицами выложишь путь колеса и камня. Тому который оглядывается остается отстает — иди по белым следам по мокрым волосам. Если это дом то не устанет там где нет места никому. Держишься за края как туман идет во все стороны и крестиками заштопанное окно по синему цвету стены по зимнему полю по пустой траве скучаешь по дому. Там она трогает серое внутрь камня руки смеется над обрывом босиком. Откуда идет этот свет если уже до краев ветер уходить — так в самое дальнее жесткое небо жестяное никуда.

* * *

Твой адрес никогда не остается прежним, так легче удирать от всего, что не твое. Дуть на воду, перебирать воздух гусиными перьями. И не просто точка, так до тебя дотрагивается вечернее слово, потому что ты еще здесь. Выходит из сна и никак не кончается, мертвым воздухом дышит, бесцветной игрой, ты пытаешься думать ночь дальше неба и всего. Какого цвета ты можешь вспомнить, чем будешь вспоминать. Было бы оно точкой или мыльным пузырем — как попасть на изнанку его глаз, если смотреть сквозь небо. Как тебе не стать молчанием, отвечая на темноту. Так вертикально и спокойно чертит свой путь летучая мышь, роняя острый угол. Приходит на голос предметов, смотрит всегда мимо, что дать тебе из того, что еще не твое и никогда твоим не будет. Когда сильнее воды сожмет — что ответишь? Себя не удержишь, стоя на мосту, подбрасывая в небо паутину, идти по темным лодкам, чтобы свет тебя не догнал. Кого отражает твое зеркало, если эти камни растут из земли?

* * *

В твоей подушке только дым. На руках карандашные надписи. Тебе, не боящейся оборачиваться — одни и те же слова. Там, под яблоком, где ночует ночь, тебя дождется. Те из них, самые острые, окажутся под языком, мы по разные стороны москвы, и ледяной мост расходуется наполовину. И повторяешь, стоя на песке, беззвучным миром, где течет вода.

* * *

На другом языке остается только темнота. Зрачок перебегает из ночи в ночь, оставляя для зрения написанное на обороте стрекозиных крыльев, гончарных крыш, между замком и ключом. Рыба, плывущая сквозь Атлантику, помнит расстояние золота и дождя, хранящееся в руках вещей и окон. Он живет в тени воды, не отвечая на вопросы, с карманами, полными ветра и травы, он говорит: нет, и ничего не случилось. Это всегда удавалось ему: сначала серое море, потом твердь, обычная пыль послесловия. Он не знает, почему произносит эти слова внутри прикосновения, и не уверен, что знает что-то о любом из тех языков. Сплетает тень по кружению черных и коричневых, как будто нумерация страниц возвращается к карте интервалов, рисуя пробелы на полях и координаты запаздывают, мешая прочитать обещанное. Молчание задерживает дыхание, опасаясь говорить, как города играют нашими снами. Он выбирает смотреть — эти лодки втекают в бездорожье. Эхо фразы, которую ты мог бы сказать в исчезающем пространстве.

* * *

Она там спала всегда. Перед ней только ключик, за ней — соломенное одеяло моста и круглые на памяти вмятины. Только в том камне процарапаны наперстком или чем еще проволочные ржавые капли. От тебя осталась тень с поднятыми руками, головой к голове, смотря насквозь сквозь безопасный прицел. Схватив безнадежное ускользание поворота от сейчас к потом вместе со стеной, обрезающей все, что ниже ее. Если тебе спускаться вровень под перевернутую букву м, то выше будут лишь обломанные кольчатые углы, древесные сколы. Успеваешь перепрыгивая, утягивая в тень травы под колесами, упираясь взглядом в ту же стену, предложи ей далекое зеленое, как невозможность далекого зеленого, как скомканное отражение, перевернутое в главном стекле треснувшей линзы. Твоя разлетевшаяся перспектива в желтой веснушчатой майке расколота рядом с тобой, собирать мимо тяжелого округлого — к водяному дробящемуся, что пока еще помнит только галечник ртути под ледниковой пленкой зависти. Она и теперь там, даже если пепел сожмется в камень, вместо города все равно останется только ясное понимание, светлая пустота против роста костей вымываемого кальция.

* * *

Где еще не быть только буквами ударяя о буквы, двойные вместо протяжных, неустойчивые до угольного и мятного, вливая в пульс застывающую неравномерность. Передавая ветер из рук в воздух, агаты и другое черное вулканическое стекло в землю, по которой никто не ходит. «Поднимаю камень твой вместе с твоей печалью». Они просто были разными, если долго идти и не собирать, а только смотреть. Приводили к белым колодцам и смоляным озерам, говорящих на всех керамических наречиях, раскладывая путаницу в пыль. Острое под головой, так по песку как по глине, где ничего нет.

* * *

И падать невысоко и не больно, как спать на треснувшей коре зимней кожи. Подбираясь к краю, подбирая края каштановой рощи, волосы спелые переплетают воздушные берега телеграфной реки. Семечки льда крошат день к вечеру, кто не покажет в противоположную сторону, так мало оставляет своей тени на велосипедных радугах. Сон не увидит себя внутри твоего сна. Время кружит в ясности улиток, выворачивая узлы запятых ближе к свету, египетский тмин и гибкость бескостной сухой настороженности.

* * *

Которую держит насквозь воздух залит медным хрустом и дрожанием. Когда серебро над водой меньше еще на один день, с севера тяжелее, с востока мельче и круглее, а шпили прополоты улитками двенадцатью на четыре. Там бог уходит в каменный лес изрезанных мертвых веретен, кружатся в вышине, пьют олово трубчатого звона и пустую склоненность желобов и арок. Изъеденная известью изнутри, кружево крошева и перепончатый обод, следить за наследством здесь можно стоя спиной. А свод паутины из трещин и швов разворачивает корни из темноты, держится долгими гласными, подкожными иглами. И выцарапываясь из земляного и круглого, прорастая узким и шершавым, складчатыми крыльями опираясь на ребра каменных лучей, запирает и окружает памятью зрячей руки. Проколотая и приколотая, рвет свет равномерных шагов длиною жесткой волны и уводит в себя.

* * *

В те ветреные дни, когда молчание разматывает дом, а печная труба из беленого кирпича притягивает дрожащее водяное солнце, лучше всего писать письма на языке, который никто не понимает.

Завари сушеный барбарис, по плотным стенкам стечет ржавчина и сажа, в бочках и земляных камнях заведется сырость и тяжесть. Теперь темнеет прямо в руках стекол внутрь ольхи и ореха, рассказывая тяжесть голове, а песок кротовым норам. Вот и глаза заросли повителью, ее хватает на кору, изгородь и цветочные грядки. И тебе не нужны ни тмин, ни корица, только прибыль сушеной полыни и шелковые отмычки на топких половицах и гремящих листьях. Пока между дорогой и разговором не вырастет тень от полудня до полуночи. Где подземная вода умирает в кувшинах, а взвесь каменной скрепки берега поднимает вровень лодки лба с ворованного репейника. Золотая стружка треснувшего колокола застряла в раковине, свернулась в затылочной коме, оглохшая изнутри. Три удара в минуту оказываются прочнее, чем яблочная тень.

Лучше всего потом и не вспоминать застрявшие в древесных трещинах слова и разломы голоса. А если не окажется его нигде, то остается слушать осенних пчел, обменявших жало на терновые шипы.

* * *

Карамельный ад, добровольный свет в липких размытых контурах. Две стены, стоящие без стен. Трещины по буквам и слова, произнесенные, чтобы исчезнуть в самих себе. Проем между вечером и ночью, справляйся сам со своим отсутствием. Он пропадает из времени, оставляет закладку в раковине. А море пытается сбежать из близкого никуда в еще более близкое там, а здесь перестает быть. Умещается в самом быстром змеином языке, что чертит по карте путь из дороги. Вспышки непроизносимой воды, запертой во рту скорпионов и древесного растаявшего камня. Круги черных коленчатых стеблей стекают в жесткую прозрачность. И она остается пустой с темной точкой в середине, через лабиринт следов в тень знака бесконечности. Теперь каждый в своем исчезании, протяжном проникновении, длить и истончать в нить каменный камень.

* * *

Дом, чтобы уйти, орехи собирают темноту, защищаясь скорлупой. Гладкие дороги сна, пробираясь сквозь мраморную одежду, по замерзающему воздуху, талой пленкой по острым окнам, по золотым оспинам, держа в руках колючие и острые. Сравнивая длину и скорость замерзания лучей, когда они прокалывают речь дня к бесконечным коридорам. У ожидания твердые углы и держащийся за прочность невозможный ответ. С другой стороны сна, когда пишет там твое имя, оставляет знак своего присутствия, чтобы вернее потеряться. Которое из них у тебя есть — донное небо, на ночной половине от огня не убежишь. Теперь только прятаться и перестать считать время. Та, которая зовет, всегда невозможна, забытая вода вырастает из памяти.

* * *

Расправить и отвести, с песком под щекой, с камнем под локтем. Ежедневные простуды, черничные капли чердаков. После бывает только твердая жесть, острая осыпь непрочитанных ореховых осколков. По тонкой сетке островов не печалятся плавать скрипучие и вечные кораблекрушения. Отдать, принести, выловить из зеленого ила речь мела и песчаника, круглую и ребристую память, приросшую ко дну. Стрельчатый пунктир из воды и горизонта составляет гербарий: тапсиды, киклады и прочая земля, прочитанная и забытая, о чем она. Оставляя тяжесть соли, расправит свои корабли, уколет древесным сном под коленку, будет болеть протяженностью ветра. Зарастет илом и глиной, поднимет дно со дна, сложит из них царапающий воздух, согнет в далеко и ненадолго. Укор винограда расправляет плавники.

* * *

И ты говоришь им, что все забыла, когда кружится кружевной камень, доставая из воздуха полоски солнца. Змеи тихо сидят по кувшинам, но попробуй сдвинуть крышку. Семь пар глаз запинаются о веревки — лабиринтом скорее дойдешь через гладкую плоскую землю, тень круга укатилась перед собой. В синих решетках поет репейник и желтый запах спеет в греческой темноте. Там рыжие рыбы с острыми плавниками тянут полные сети на ледяное дно. Держишься за беленую неровность стен, за раскрошенное равновесие. Смотришь, как она складывает свою мраморную вечность, черепичную прохладу, отвлекаясь на сегодня.

* * *

В синие почтовые ящики опускают прохладный ветреный день. Руки врастают в дерево, вставшее спиной к воде, тебя обнимет сладкая тягучая кора, желтая смола запечатает. Известь дотянется зябким известием о пыли и ветре, чтобы застрять в трещинах кожи. Полное поворотов ущелье. Выбираешь то, что умеет выше, чем ты могла, собирать ракушки и белить ставни — станет пока лишь завтра.

* * *

сквозь амфоры и лекифы цветами эгейского моря на стенах из трещин осыпающимся орнаментом ласточек серьезные рыбы в равновесии бегущих из желтого и красного достают белое и синее не оставляя места глиняный осьминог на горькой скорлупе игла касается пола и воздух блестит на ее тени за этим воздухом не строили стен только уплывали

их восточные соседи в гибкой темноте на сыром тростнике глаза плывут скорость запечатанных кувшинов направленная вглубь земли а те растут внутрь камня не столяры и каменщики а только пчелы и осы раскручивают спираль

* * *

Лабиринт в ореховой скорлупе не легче критского, пока солнце падает на макушки, и вода льется, а не ломается. В глубине камня плывут навстречу рыбы, рыхлые волны крошатся по пути. Медленно дышит, выпрямляется слухом прочных разговоров, искажаемых эхо. Кружит, как свивает легкое гнездо — держать на весу самого себя.

* * *

За чьими железными бочками литься сухой воде по белому пыльному руслу, вход разделив на нижнее и неправое. Красное держит и отгораживает, стягивает охру и медь с заросших холмов. Дай ему уползти, разматывая трещины и крошась, круглые следы сохнут, вдавленные в сегодня. Выплывет в листьях оливкового дерева, закручивая стороны горизонта острой травой.

Кусочками отламывается, а потом уже не поймешь, что само отломилось, а чему помогли — тоже подумай, какие камни успеют нарасти, пока разберешься. Письменное оно не легче, чем каменное, кто ж мог знать, куда оно укатится. Начинать надо было с Греции, и заканчивать тоже ею, жалко, что нельзя угадать и принести именно туда, где и будет зарастать земля, столкнувшаяся с землей.

А где-нибудь до сих пор сколачивают лодки и льют масло на воду. Им-то что торопиться — из крана не пить, под камнем не спать, пешком так пешком за дымом. Тем более, что время-то общее, не отстанет. Где же им еще и не быть, если камни не успевают вырасти до рыб. Научиться плести корзины и воровать оливки.

* * *

У самой земли полынь и мята, сухость и горечь отобранного начала. Подхватывать времена, когда лодки не стали флотом, построить и еще раз отстроить против земли, вставшей вертикально, против воды, заполняя горькую сухость. Пустота держится сама. Из пепла растет. Повисшей в воздухе легкостью подделки, из чужих букв складывать свои надписи, алебастровые гробницы, чуткие следы ненайденных свитков отведут тебя к тому, что считают началом. Окаменевший звук заставит ущелье расти вверх, поддерживая тени того, чего нет.

* * *

Глаза открываются к северу, скрип и песок ее медленного корабля, отправляйся за ржавчиной золотой лодки. Червивым сном черпая пепел узелкового письма. Синий цвет обрывается дальше подсчета шагов. Кто бросает камни, спокойные или безразличные, та египетская разница — крылатые львы, плоский воск тишины.

Потом ему уплывать из этой книги мертвых, запечатанной острием воды в четыре слоя пергамента.

* * *

Угольные кубики расколотых набережных текут в трещинах воды. Если много и быстро, то бессонница гладит рыбьими ребрами, гладкими длинными иглами. Еще с теми, кто всегда над ними — голодом, если плыть ночью. Когда вышел из главных ворот и течет глазами вдоль всех гласных букв, ближе к почтовым ящикам нервные рыбы в трещинах неба

* * *

Белые птицы выглядят осторожнее и беззащитнее серых и черных.

Малая вавилонская башня, серая дорога вверх сама закручивает раковину надежным разворотом внутрь. Упавшая вдоль берега посреди тени, ловись, непойманная по ветру.

Лестницы не убираются и крошатся, деревянные — на занозы, каменные — на пыль. Чтобы сохранить — крашеные ступени в белое небо.

Город исчерканного стрижами неба и непойманного свиста. Родосские губки царапаются и просят моря, приходится приносить йоту и йоду в руках, хотя соль обычная поваренная — не морская, все же лучше, чем в кране. Не жалуются, пьют. Время все незаметнее, едва успеваешь увидеть, как оно проходит сквозь полночь и становится черным и густым.

* * *

Осадок по следу хрусталика по́лдня горизонтом глаза змеиное прошлое на просвет по спирали солнечной горы раскаленной пыли середина плывущей контурной карты.

На сквозняке полыни в земляной мышеловке мраморными тенями орнаментом без дороги все тот же полдень пишет смерть развалинами безветренных шагов.

Вверх — темно-зеленое впиваясь в трещины обвивая змеиную пустоту высохшего рта перебрасывая голос в шипящее горло застревает рыбьим глотком растягивая дно осыпающихся стен. Ртуть и медь плавятся на другой стороне проволочной корзины.

Поперечины алебастра замерзают под выпиленным прямоугольником свистящего воздуха наклоняется восемь веков держит кирпичными ребрами упругое расстояние ослепших чертежей.

* * *

Внутри него двоеточие, задержавшееся на паузе выдоха, одна ладонь возле смерти, другую ищут вторую сотню лет. Бронзовое многоголосье закрывают руками протяженного шипения и скрежета. Чтобы не просыпа̀лись, обложили льдом, затянули насквозь бетонной сетью. Застряли свернутые в промежутке между губами травы и трубящей тьмой под опускающимся потолком.

Скольжение, расколотое надвое, и папирус наклонился грифельным отпечатком, стального цвета вырастают из земли, потом врастают обратно, остановившись на полпути. Земляное море нарастило свои тяжелые раковины, прижало. Каменные книги, переплетами вверх, кто их там читает?

Желтой сеткой земли под острыми треугольниками, где железная трава растет сквозь ступни, и деревянные настилы не пускают туда, где внутри глубины заканчиваются ее бумажные руки, древесные рукава. Черным поводырем над ними шар, вырастающий из тени.

* * *

Вместо обугленных чернил мокрые надписи на римском языке. Пластиковый сон круглых окон зачеркнут бумажным карантином. Между ними, сжимая осиную жгучую пыль, продолжают тонуть венеция и атлантида под ржавым льдом бетонных влажных рыб. Там, где длинные буквы горят во рту гремучих львов, стекают в соломенные гладкие ямы.

Молчит греческим языком в синих решетках рыбьих тугой орнамент разворачивает а они дышат сквозь темное стекло плавников шелухой и известью. Жестяные весы по ситу скамейки мурашки стены между трещин каменные глухие голоса вдоль синего потолка и соль в изголовье. И не нужна ему пролитая латынь.

* * *

Гладкие пальцы воздуха скрипящие числа режут нежность ржавчины на желтой бумаге зимние весла подползает под кожей древесного барабана ледяного маяка обсыпанного зернами молчащего песка.

Двойными воротами заслонился от неба разноцветные стекла внутри барабана иголка кораблекрушения обломившийся коралл обросший черепицей. Сплошной затылок земли ударяясь о низкие балки складывает вокруг себя хлопок сыр воск оливковое масло и соль прикрученные ржавыми болтами.

Пустое дерево в окне с гладким стволом здесь ржавая память этого одинокого моря сдирает кожу тусклого вулкана. Там — обнаженная ловушка дна. Страх в очереди за страхом. Не мешай ему исчезать в глубокой надписи поперек рыбьего хлама шипящих двоеточий.

Спиной к мертвому крику спокойному камню тот кто покинул время бросил всех говорящих для письма горящих слов замороженных безымянных границ под черным зеркалом молчащей скорости гладкой травы.

Где открывают кровь границы сумерки гравий питается песком. Какие тут письма илистая тьма и сквозняк от корней. Здешние обломки моста позади холод аккуратно разбитого термометра. Чтобы увидеть достаточно написать его имя. Больше нет ничего только поезд внимательно округляет числа.

* * *

Стрельчатые птицы, осторожные места, корни царапают края разбитым панцирем, раскрошенным шипением крови. Между решеток, плавников, иголками серого, узкие цифры не сопротивляются. Их стебли — кровоток улитки, ведущий из сомнения в кривую азбуку известняка.

Держит на своем древесном жгучем шипе целую воду, полную медленных геометрий, чертящих под его кожей карту старых морских туннелей. Мертвый пульс обыкновенной скорости сна.

* * *

Обломок мягкого серебра на изнанке вскрытого пространства. В рыбах фиолетового песка, в желтых занозах зноя — там она спит между ссадин солнечных стрелок. И теперь, вернувшись к каменным обморокам стен, изрезанных чернотой ветра, ей проще оставаться свернувшимся отпечатком, запомнив только движение руки на восток, в сторону мокрого изгиба августа.

Дерево вползает внутрь этой тугой земли, звенящего твердого воздуха. Киты тянут зеленые прозрачные руки за луной и опрокидывают ее в смятые складки скал. Откуда здесь эти длинные рыбы, обгрызающие гладкие черные бока снега над позвонками лестницы?

Вырываясь, выламываясь из зеленой вязкости, и засыхая сквозь масляную пленку безразличного воздуха. Исцарапанной полосой горы приходили в те изношенные жилища, листали петли травы. Лестницы рыжей земли, белые корни прячут свои руки, крадут написанное, чтобы глубже врасти в дышащую открытость. Там, внизу, часы остановились и стекают по ржавой решетке. Просто зайди туда, где ничего не происходит.

* * *

Пенteликон, где они складывают свой мед, каменоломни с горстями орехов, потом возвращаются с именами погибших по каменному побережью мертвых пчел. Он поселился там, где ему было предсказано. Вода появлялась из песка, обращалась к нему по чужому имени. Если плыть дальше — руки из глины, лицо из серебра — сквозь слабую землю держать в руках дождь и блестящие черные крылья жуков. Головой к северу, с крюком рыжего дерева, пока кипящие трещины не искривят надежную геометрию.

И только потому будет потом, сквозняк контурного гипса, пробирающийся к наклону белизны. Путь мрамора ко лбу, лезвия пластов, рвущих горловину парусины. Пчелы жалят ломаные предсказания, указывающие горизонт места сквозным дымом. Осадок промежутка мешает следовать за черным следом маятника, где они строили, ориентируясь на ветер. Полоса сгорбленного ракушечника впечатана в солнечные иероглифы.

Так вползает соль в зрачки, выгнутые магнитными складками горизонталей. Поперек ржавчины распадается вытянутый прибой. Они прячутся в пепел греческой одновременности, собирая сгущающийся пульс ландшафта. Сквозь лицо проливается расстояние, острый воздух в чернильных осколках глотает себя. Пчелы нанизаны на солнечную нитку совпадением цвета. Медленный ожог по темноте уставшей температуры.

* * *

Этот остров, выстроенный из слабости земли, отслаивается от обугленного неба, ладонями нависая над июньским орнаментом ее именительного молчания. Белые вкрапления убывающих городов не меняют изношенной бездомности бывших следов. Ее тень — гремучие чернила смятой пустыни, из песка которой растет пристальность поднятой руки.

Неровная вертикальная вода, жар стекает по неловким стеклам. Неправильные квадраты треугольников укладываются в каменную равнину, пересечение которой меняет только трава, растущая между. Заброшенные дома чертят свою геометрию, ориентируясь на извилистые пружины сна, на разрез сквозняков узкого, все понимающего входа, в который не войти.

Белизна зеленого плавит коричневые крыши. Известь обжигает стены, до которых ей удается дотянуться. Кричащая сухость все еще поднимается к воспаленному молчанию. Голос руки тяжелеет в вынужденном диалоге, и близорукие лестницы дробят пустоту гравитации. Каменный зрачок обрезает близкое небо.

* * *

Ночь отделяет темноту от кожи, по веткам кирпичные тени наклоняют воду ресниц моста. Просто под правой лопаткой сосновые скользят спиралью тесных птиц за крошками четверга. От чужих капель до заброшенного рассказа о тумане без проемов длительности. Так путешествие становится остановкой пустых окаменелостей холодной бумаги.

Снимок твердеет по краям гладкого письма, обрываясь в желтое с вязким интервалом сжатия поперек угольного света. Коробки ключей не успевают за смещением геометрий разлома сквозь себя, и несогласие вырезает солнечное пятно неосторожности. Движение опасается повторных опечаток, ловкость локтей и далеких катастроф — как ошибка контурной плоскости черновиков. Гордость географа предупреждает разницу свидетелей, трещин и рельефов, добавляя к смещению обычную погрешность равной радости.

На скомканном стекле пустые линии длинного неба сопровождают зазубрины ветра, отрезанные от белизны. Поделиться слепотой гипса и соли, смытой усталости беззаботных лезвий. Там, между хрустящих белых графиков гласные острия подбираются к безнадежно-сверкающей маске в белой ненавязчивости сквозь проникающую жару. Она втекает и крошится, тягучая ржавая игла поперечного зрения, картавая закладка сломанного ключа, которой никогда не доверял раньше. На сгибе воды вывернутого наизнанку листа.

* * *

Вслух к запертой двери, угольная пыль дверной ручки, или что там осталось от всех расплавленных и приколотых, где росли маленькие зеленые абрикосы. Между сквозным равноденствием сжатые кристаллы расколотого воздуха. Дыхание ждет, чтобы стать сплошным контуром света. Опираясь только на ледяное зрение, когда кипящий рельеф врастает в горло своей глубиной.

Черно-белый рим треугольной оптики выпивает мозаику солнечных волн, стрелы ударяют в отражения световых перьев между сросшейся воды. Ожог бьется внутри линий компаса, царапает развернутое. Расползается гипсовый узел, стекает бережное стекло, вращая песчинку берега на гончарном бормотании. Здесь можно и оставить эту ось памяти в осколках нового холода. Все равно ее срежет равномерное безразличие каменного пунктира.

Расстояние, с которого не увидеть. Этот дом слишком привязан к теплым крапивным зернам, к их мертвым семенам, что земля проталкивает сквозь свою тяжесть. Отражение зрачка оправдывает кривизну, ползущую мимо шрамов дверей и окон. Соль врастает в пепел, отпечаток длительности от листа к древесине удерживает лезвие песка на своей стороне. Сжатая осторожность иголки пульса царапает безнадежную фотопластинку горького неба.

* * *

Чем она гуще, когда укол секунды в монолит трещины — крепче дыма желтые и круглые, тем медленнее они собирают раскрошенное, но всегда вовремя. Без выветривания. Где цилиндры плесени на стыках гладкого объема врастают в звенящую яркость кипящей дуги из песка. Горький интервал между скошенной кровлей и острыми шрамами календаря добавляет сквозняк артерии на просвет соли. Мятные руки ртути отпустили всплывающий плеск, до щелчка отдельного снега — так заживает наст. Потом вспышки — медные двойники белизны в сетке почвы. Обожженный хрусталик привыкает к мягкой извести, рассыпанной по этим лестницам. Движение на грани стекла вдоль всей северной стороны — всего лишь засыхающий ландшафт, закладка в аквариуме воздуха. Вдоль распоротой акации, прошитой мелом стены, меняя осторожность на солнечный пульс.

На периферии зрения и слова

(частный взгляд на современную словесность)

Все на свете имеет свою оборотную сторону. И если смотреть прямо — не скоро вспомнишь, что взгляд, проходящий насквозь, увидит лишь то, что скрывается «за» (то, что скрыто тенью предмета), а чтобы увидеть обратную сторону — мало одного лишь скользящего или проникающего взгляда. Редко у кого достанет силы и терпения поворачивать событие или предмет, чтобы осмотреть его со всех сторон. Предмет имеет свойство сопротивляться слишком назойливому или бесцеремонному вторжению в его сущность. И для того, кто собирается подчинить его себе или посмотреть с позиции превосходства, предмет и явление становятся непрозрачными, агрессивными или равнодушно-отстраненными. Более удачлив подвижный — легче обойти и заглянуть, почти не тревожа, не привлекая внимания, не требуя сочувствия или соучастия. Чаще всего там — в противостоянии фасаду — какие-то строительные леса, недостроенные балконы, плохо оштукатуренные стены, осколки кирпичей и обрезки досок, короче всякий строительный мусор. Это и есть то, что представляется ленивому взгляду литературой.

Давно прошли те времена, когда в коллективные муравейники каждый тащил все, что валяется неподалеку — это могло быть и сосновой иголкой, и пробкой от винной бутылки. Ценность каждой находки определялась иначе, чем в реальной жизни конкретного предмета, либо не определялась вовсе, предпочитая спокойную жизнь совсем в других условиях, когда окружающая среда диктовала объявившейся вещи ее новые привычки, свойства, обязанности и странности. Вещь должна была согласиться или уйти в маргиналы — таковы условия, — и начиналось существование внутри таких же вещей, принявших условия или отвергших их (по необходимости или добровольно — уже не имело значения). Неизбежные углы и выступы не принимались во внимание — по правилам игры в этот литературный тетрис — всегда на наличный выступ можно было подобрать подходящую выемку из подручного материала, а иглы постепенно согнуть во вполне безопасные и гладкие кольца.

То, что существует сейчас, больше напоминает разного рода лабиринты, лес с системой расходящихся тропок, подземные железные дороги, карту неизвестной местности на незнакомом языке — пространство, где все маршруты проложены пунктиром и меняют время от времени свое направление и местоположение; и даже надписи приобретают свойство перестановки букв; и указатели, подобно флюгерам, откликаются только на сообщения ветра и водяных потоков. Нет ничего прочного и застывшего. Законченное и отделанное собирается только для того, чтобы тут же начать рассыпаться и быть собранным уже в другом порядке. Неизменное сохраняется только в памяти, граница между существующим и небывшим стирается, оболочки размываются и имеют тенденцию к смешиванию и сочетанию — жанров, слов, жестов, сущностей. Время обнаруживается в самых разных сочетаниях своих категорий: настоящее прошлого в пределах будущего совершенного. Вода клепсидры смешивается с песком стеклянной колбы и стирает тень солнечных часов. Обозначение времени, как и пространства, становится привилегией каждого — там, где все находится сейчас и здесь, а то, что будет существовать потом, вправе поменять значения всех категорий на противоположный знак и смысл. Реально существуюшие сущности не отменяют ненастоящести, и никто не может сказать, где кончается настоящее и начинается несуществующее или небывшее.

Путешествие доступно только взгляду. Самое неизменное и прочное в этом пространстве может оказаться миражом или песочным замком. Но здесь оценочные категории уже не имеют ни значения, ни ценности.

Присутствует и существует только называние, обозначение того, что доступно только внутреннему зрению. И только язык продолжает свое отдельное существование, не только обеспечивая укрытие, но и давая возможность построения речи еще не бывшей, используя фрагменты частей для построения такой же малой части, не претендующей называться целым и законченным.

Само время противится общему и целому. Ценностью становятся только частности и подробности. Гомеру не только неоткуда взяться, но и нечего сказать; десять лет — слишком большой срок для возвращения Одиссея на Итаку — подробности столько не существуют. Важнее не итог путешествия, а оттенки крыльев бабочки и количество точек на спинке божьей коровки. Подробности легче изменить и заметить, мелочи и частности — способ взгляда на то, что происходит здесь и сейчас, в то самое время, пока длится речь и сам взгляд.

Основой становятся не сами предметы и сущности, а путь взгляда на них, не любовь к предметам, а внимательное к ним отношение, взаимное доверие и уважение. Путь всегда важнее итога, и отклонения с дороги в сплошную траву или канаву, трясину, асфальтовую или бетонную дорожку из возможности становится необходимостью и условием существования зрения. Каждый сам строит свой лабиринт, непременной данностью которого становится однократное прохождение одного и того же маршрута.

Внутреннее становится объективностью, и субъективный взгляд интереснее правил и общих мест. Именно здесь частности и подробности принимаются всерьез и надолго, чтобы дать возможность взгляду проследить их постоянные и неуловимые изменения. Стоит сдвинуть предмет чуть-чуть, или поменять точку зрения, как меняется восприятие и значение. Увиденное может оставаться неизменным лишь до момента включения его в объект рефлексии. Каждый предмет достоин стать в данный момент в центре, хотя важнее всего именно то, что происходит на периферии — зрения, речи. Но предмет и явление имеют постоянную тенденцию к перемещению и приобретают способность ускользать от прямого взгляда. Слишком грубое и откровенное разглядывание, слишком явное любопытство разрушают то явление, ради которого и устроены смотрины. Предметы становятся робкими и ускользают от слишком пристального и смущающего взгляда. Наблюдателю приходится быть все осторожнее, внимательнее и бережнее — спугнуть так легко, а повторения никогда не бывает. Время одинокого, личного, субъективного взгляда давно уже не подвергается сомнению, но построенное с помощью такого взгляда не становится менее хрупким.

Узнавание — невозможно, все происходит впервые именно из-за субъективного отношения к происходящему. Основные категории описания и восприятия дают такие сочетания пространства и времени, что образуют необозримую бесконечность возможностей. Зеркальные отражения становятся интересными, если включаются в ту же систему отношений и начинают изменять отраженные в них сущности, или отвечать, а не отражать. Значимым состоянием становится не сохранение и удержание, а изменение и развитие. Чем дробнее частности, тем больше возможностей сочетания.

Слово — одно из тех молекулярных основ, что позволяет складывать и овеществлять путь, проделанный взглядом. Речи еще не существует, ее отдельные фрагменты, складывающиеся в мозаику, способны меняться местами в зависимости от оттенков и полутонов. Недоверие к правильным геометрическим построениям, совершенным и законченным формам и устоявшимся правилам.

И все чаще середина круга остается пустой. Незанятый центр оказывается неспособным предложить нечто, что могло бы меняться или менять угол зрения. Сущности отказываются от существования во главе угла в качестве непреложной и непогрешимой истины, и скапливаются по краям, обнаруживая склонность и тяготение к пограничным областям самых различных явлений, ибо окружности могут соприкасаться только по краям, соприкосновение центров становится совпадением или поглощением. Вселенная расширяется, скорость увеличивается, центробежная сила предлагает окраинное существование, взгляд на мир стороннего наблюдателя избегает пустоты как способа заполнения и уходит извилистыми путями в свой лабиринт все дальше от центра.

Содержание

Галина Ермошина

Двоеточие

Дизайнер обложки *И. Дик*
Редактор *А. Скидан*
Корректор *Е. Иванова*
Верстка *Д. Макаровский*

Налоговая льгота — общероссийский классификатор продукции ОК-005-93, том 2; 953000 — книги, брошюры

ООО Редакция журнала «Новое литературное обозрение»

Адрес редакции:
123104, Москва,
Тверской бульвар 13, стр. 1

Тел./факс: +7 495 229-91-03
e-mail: real@nlobooks.ru
Интернет: www.nlobooks.ru

Формат 84×108 1/32
Бумага офсетная № 1
Печ. л. 5,5. Тираж 300. Заказ №24К1204.
Отпечатано в АО «ИПК „Чувашия“»
428019, г. Чебоксары, пр. И. Яковлева, 13